大学自らの総合力 II

大学再生への構想力

寺﨑昌男 著

東信堂

はしがき

大学内の人々を見ていて感じるのは、最近皆疲れている、ということです。忙しさは、本来のつとめである教育と研究、さらにそれを支える事務の繁忙さから来るだけでありません。企業や政府の要望、教職員の数を増やせないままに増えて行く学生たちの多層化と多様化、頻繁なカリキュラム改革の必要など最近の動向のもとで、忙しさに対応しきれなくなっているように見えます。

そして改革の動きに翻弄されながら、いや翻弄され続けているからこそ「そもそも大学のあり方を変える第一歩をどう踏み出せばいいか、そして大学の根本の目的は何だったか」という思いにとらわれている教員や職員、さらには経営者までもが多くなっています。

昨年（二〇一四年）の暮れに、ある伝統的大学で開かれるシンポジウムに招かれました。小学校レベルから大学レベルまでのカリキュラム改革問題がテーマで、「中高一貫問題が全体テーマだが、それを視野に入れながら、もっぱら大学教育のあり方について基調報告をしてほしい」ということでした。参加の旨を伝えると「何か副題はありませんか」と促されました。とっさに付けたのが「あふれる言葉、激震する構築、前のめりの改革実践」というものでした。

「あふれる言葉」

最近の教育政策文書には、カタカナ書きの大学教授法があふれています。大学改革を論じた中央教育審議会答申にいったいどの位大学教授法が示されているか抜き出してみたところ、A4の用紙一頁がぎっしりと埋まってしまいました。ディベート、クリッカー、アクティブ・ラーニング、キャップ制、ナンバリング、ダブル・ディグリー制、ルーブリック……。学外者には見当のつかない用語が目白押しに並んでいます。

五〇年前の大学教員ならば、こういう用語が政府関係審議会の答申に並べられれば「教授の自由を侵害するな」と憤慨したことでしょう。しかし現在は、こうした言葉が示唆する新しい手法を利用しないではいられないほどに、学生たちの多様化と学力の多層化が進んでいることも事実です。とはいえ、大学の側から「はたしてこういう新しい手法だけが大学教育改革への真の道なのか」という問いが起こってもいいはずですが、それは現われません。多くの大学が、これらを文字通り貴重な示唆として従順に受け取っているだけのように見えます。改革の自主性・自律性の視点から見て、深刻な問題が伏在しているように思われます。

「激震する構築」

大学の屋台骨を削るような「財政緊縮」が次々と進行しています。

国立大学法人への運営費交付金の効率化名目の削減は、特に小規模大学に耐えきれない消耗感を招いています。公立大学・私立大学は、政策方向に沿う申請競争に勝たなければ、応募学生数の減少、納付金の減少による財政難を乗り切ることはできません。公立大学は、独立法人になれば、いわば裸で財政危機に直面し、自治体直轄機関のままでは緊縮される一方です。

加えて国立大学は二〇一五年六月に、文科大臣から、「人文社会科学および教員養成の学部学科を、変転する社会要請に応えることを目ざして縮小あるいは再編せよ」という通知を受けています。求められる「新学力」の育成ができるように国立大学の自己変革を促すための通知だ、というのが省側の説明ですが、大学の中には「人文学への許し難い軽視に立って国立大学の文科系学部をつぶす方策だ」という批判が日々高まっています。

振り返れば九年前に強行された法人化以降、たえまない規模縮小と組織再編に追いまくられてきた果てに、このような措置が現れてきました。これに私学の避け難い定員割れを加えれば、大学の激震は予想以上のものと言えるでしょう。

「前のめりの改革実践」

財政上の重点助成や特別援助に誘導されて、改革のポーズを余儀なく取らされる大学も見受けられます。多くの大学が、これまで関心の外にあった改革課題や先にカタカナで示したような「小道具」

の導入を無視できない事情に置かれているように見えます。

例えば専門の授業を英語で行うことが学部授業改革の王道のように思われている例も少なくありません。「国際教養」や「異文化コミュニケーション」等を掲げる学部なら当然の改革方策でしょうが、授業の内容・水準を低下させる恐れなしに専門教育の英語化を実行することは可能でしょうか。低下を防ぐには、それこそ丁寧な人的・物的条件の整備が不可欠です。焦慮に迫られての応急的な改革実践は、必ず数年後に揺り戻しや補修といった高い代償を払わなければならなくなります。


そもそも大学改革は何のためにしなければならないのか。その実践を、真に「改革」という言葉にふさわしいものにするには何を目指したらいいのか。最近求められるのは、大学教育の改善や改革の原点に返って考える機会を持つことのように思われます。

「中央」から投げかけられる課題の性急さ、それに応える否応なき忙しさと慌ただしさ。それに対して、「大学のミッションや本質に即するなら、抵抗や異議申し立てをしなければならないのではないか」という疑問もキャンパス内にきざし始めているように思われます。

本書に先立って、二〇一〇年には東信堂からは論集『大学自らの総合力』を刊行してもらいました。しかし、右のような情勢を考えると、五年後の今日、依然として事態は変わっていないように見られます。それだけにまた大学の存在理由や改革の基本原理や原点を求める声も、大学関係者や教育界に強まってきているように思われるのです。そこで勇を鼓していくつかの原論的な記録を集め、論議を促す意味もあるのではないかと思うようになりました

第Ⅰ部は「基本の問題から」と題してみました。近年問われることの多いカリキュラム改革や地域と大学の関係、職員の能力開発、校友・同窓会と大学、という四つのテーマを取り上げた、比較的長い講演と論文を収めました。

第Ⅱ部には、著者がこの数年提唱してきた自校教育とアーカイブズに関する論考を収めました。二つとも著者の専攻分野である大学史に限りなく近いテーマで、最近では各地の大学から話を求められることが多くなりました。ただし、いずれにも、既刊著作と重複するトピックが少なくありません。お許しください。

第Ⅲ部は、大学の授業と教育そのものの改革を具体的に扱った論考を取り上げました。特に大学院での研究指導と秋季入学制度とは、これまで取り上げる論者の少なかったトピックなので、敢えて論じてみました。

著者がこれまで東信堂から刊行してもらった論集は、合せて六冊になります。簡単に紹介しておき

ましょう。

●『大学の自己変革とオートノミー』(一九九八年)

下田勝司社長の強いおすすめが機縁で、思い切って出版した論集でした。書名に表したように、大学の自己変革と大学の自由・自治との関連に関するテーマを扱った論文を集成したものでしたが、大学設置基準の「大綱化」以来、もっぱら専門教育に傾斜していた大学の状況に警鐘を鳴らしたいと思って選んだ編集方針でした。当時の用語で言えば、自主的裁量をいかに賢明に発揮するかを論じた論文を集めたことになります。大学自治の問題については戦前にさかのぼる内容のものも収めました。

●『大学教育の創造』(一九九九年)と『大学教育の可能性』(二〇〇二年)

この二冊は、大学の自己点検・評価が強調され、またFDやSDの重要性が論じられる中で、大学の本質観に立った大学教育論を展開しようと思って集成した論集で、『創造』の方ではカリキュラム問題と大学史を、『可能性』の方では教養教育、大学評価の問題を論じた論考や講演記録を収めて、いずれもFDやSD(職員の能力開発)のテキストになることを期待しました。

●『大学は歴史の思想で変わる』(二〇〇六年)、『大学改革　その先を読む』(二〇〇七年)

ほとんど同時期にまとめた二冊でしたが、『歴史の思想』ではFDの本質を理解する必要があると考え、特にアメリカにおけるその発展と原義、また大学改革における私学の位置と意義を論じた考察を収めたのが特徴です。この著作シリーズ全体の中で最も厚い大冊になりました。

これに対し、『その先を読む』の方は、立教大学の大学教育開発支援センター主催の五回の連続公開講演の記録で、文字通り大学教職員・大学院生といった人たちを前に語りかけることから生まれた本です。毎回一〇〇名あるいはそれ以上の方たちが参加され、折からFDが義務化されたこともあって、熱心に聞き、質問を出されました。この本の刊行には立教学院が援助を惜しまれませんでした。

●『大学自らの総合力』(二〇一〇年)

二〇〇六年から二〇〇九年までの発表論考を収めましたが、例えば「大学の理念」「学部—それは何か」「大学教員はいかなる意味で教育者か」というように、大学の原理論にさかのぼることを目指した論考が目立つ結果になりました。打ち続く「改革要請」のもとで、なぜこれほど追い立てられるのか、改革の目的はいったい何か、といった現場の声を聞く機会が目立って増えてきたのです。

他方、このころから大学アーカイブズの設置提案や自校教育の必要性等について語るようになりました。それらは大学の自立のための方策として注目されるようになったのです(このテーマは、本書ではさらに前面に出ています)。

「発表される記録や論文を年ごとに纏めて出版されてはどうですか」という下田氏の奨めに従って著作を重ねてきましたが、振り返って見ると、大学は絶えず大きくゆさぶられ続けてきたこと、しかし他面、大学の中には絶えず原点回帰、原則再発見の意欲が灯され続けてきたことが思い出されます。拙著の中で及ばずながら応えたいと願い続けたのは、右の意欲でした。

大学をゆさぶり続けたのは、政治や経済の大きな力です。それは大学への選択的集中助成方策のような形を取って、財政的圧力と結合しつつ、大学を経済合理性に沿って動かして行こうとします。もちろん基盤で働くのは世界的な広がりを持つ新自由主義の政策方針で、それは選択と競争という市場原理の絶え間ない浸透というかたちをとって大学の運営に影響してきました。中央教育審議会の答申にさえこの現象に対する批判が現れたほどです。

もちろん大学の側に問題がないわけでは決してなく、改革の課題はやはり山積しています。しかし、行政当局による上からの強行的な誘導措置が、大学側を改革課題への取り組みに向かわせるかと言えば、それは疑わしい限りです。

行政側に何よりも求められるのは、大学への不信に立つ短見的な誘導策ではありません。また法改正にまで向かった学長のガバナンスを強化することでもありません。基本的に大切なのは、改革努力への信頼性に立つ長期的な支援策であり、ボトムアップに支えられた自主的な改革・改善の努力を、地道に、継続して援けることです。それが世界的な発見・創造を生み出してきたという実績に、政府や文部科学省は目を開くべきです。

ここに第七冊目の論集を送り出せることになりました。

講演やシンポジウム発題などの機会を与えて下さった各地の大学や団体、さらに執筆の機会を与えて下さったメディア、また特に本書を手に取って下さった読者の方々に厚く感謝いたします。出版の貴重な機会を与えて下さった下田社長にも改めて深謝いたします。

二〇一五年九月

寺﨑　昌男

目次／大学自らの総合力Ⅱ——大学再生への構想力

大学自らの総合力Ⅱ——大学再生への構想力

第Ⅰ部　基本の問題から

1章　カリキュラム改革という問題

はじめに

いただいた本日の題、特に「カリキュラムを視点として大学改革を考える」というテーマは、大学改革の中で一番求められている起点の一つです。ところが、いざ手を付けてみると、一体どこにどう力を入れていったらいいか、目処《めど》が立ちにくい改革課題です。実は私も、なかなか目処《めど》が立ちませんでした。しかし約四〇年間の大学教員生活の中の最後の約一〇年は、このことに全力を挙げて取り組んできました。いや実はそんなに格好のいいものではなく、事実は、もみくちゃにされてきました。その中でいろいろと考えさせられました。

幸いじゅうぶんな時間を頂いております。今日はあまり省略しないで、私の想いも込めながらお話してきると思います。「カリキュラム」の原点とは何か、教養VS専門という問題、「全学」と「部局」の間のさまざまな課題といったポイントをめぐって、一番基本のところから考えていきたいと思っております。

私のカリキュラム作りの体験は、二つです。

一つは、一七、八年くらい前から約一五年前まで取り組んだ、立教大学における「全学共通カリキュラム」という教養カリキュラムを作る仕事でした。これは文字通り、何も建っていない平地の上に創られたセンターを基盤に、新しいカリキュラムを編成して行く仕事でした。しかし私は六〇歳代前半でまだまだ元気がありましたので、力を注ぐことができました。

ここで初めて、教育学者としては恥ずかしながら、「あ、カリキュラムというのは、こういうものなんだ」と思い当たることが多々あった次第です。それまでは大学改革という言葉はもちろん知っていましたし、自分も改革に何か参加しなければいけないと思っていました。けれども、いざ「カリキュラムを変える」という大学教育の心臓のところを組み換えるような仕事をして、やっと「カリキュラム」というものの中身がわかってきました。それが第一回です。

第二回目は、立教大学の定年後に桜美林大学の大学院に赴任してからでした。○そこで全国初のコースを作る仕事を数人の方とやったわけです。すなわち、現在大学職員をされている方たちのために、夜間と土日に開く修士課程の講座です。「大学アドミニストレーション専攻修士課程」という修士学位をとれる専攻課程です。これは文字通り全国初の試みでありました。全国紙が夕刊第一面に取り上げてくれるくらいのインパクトがありました。その時も、二年間現職の方たちが勉強される、そのカリキュラムの順序と範囲とはどうあるべきかを具体的に考えさせられました。

それは大変難しい作業でした。自分が職員をやったことはなく、教員経験しかありません。にも関わらず、職員にとって必要な学習領域は何かを考えざるを得ない、ということで非常に苦労させられました。

そういう中で私は、カリキュラム編成の起点となる学習者のニーズとは何なのか、何を求めて人は学ぶのか、これを根本から考えさせられたわけです。

今日は以上のような経験を踏まえて、できるだけ原理的にお話ししてみたいと思います。

1　「科目」と「コース」

先ずカリキュラムを、素朴なやり方で考えてみましょう。

アメリカの大学で、科目は何というでしょうか。よく、いろんな大学で先生方に聞いてみるのです。そうすると大抵の大学の先生方は、subject（サブジェクト）でしょう、と言われます。これは、間違いではありませんが、しかしアメリカの大学ではそういう言葉は使いません。subject というのは、小・

中・高の段階の科目のことで、大学の科目のことは、ご承知でしょうが、course（コース）と言います。courseというのとsubjectでは随分違います。大学の科目のことをcourseと言うアメリカの大学のあの用語法に日本の大学人は学ぶべきだと私は思っているのです。

courseという用語は、そこを歩く、進んでいくという意味を含んでおります。つまり、学生が学習をしていく経路なんですね。それが大学の科目なのだ、という大学授業観に立っています。ところが我々が授業科目というとき、何を思い出すかというと、大抵の方が思い浮かべるのは時間割です。時間割の欄を埋めているレンガのようなある固まり、その固まりが週の中のどこかに在る、それを我々が受け持つとかこなすというふうに考えます。

ところがcourseという考え方は違います。それは〝学習する学生の歩く道〟です。

これは私たちがカリキュラムというものを考えるときに、先ずもって重視すべきポイントだと思うのです。教員は、学生が歩いていくcourseのそばについてそれを援助する援助者なのだ、一番大事なことは、学生が自分で歩くことなのだ、それを組み合わせたものがカリキュラムというものなのだと。こういうふうにカリキュラムを考える必要があります。それは科目という固まりの単なる組み合わせではなく、歩く道の順序を示すものなのだということです。学生は、その道を歩いて行くことを通じて、どこかへ到達するものである。こういうふうに考えると、カリキュラムというものの捉え方が、非常にダイナミックになってきます。

私は、なんでもなく捉えていた英語の大学用語としての course という呼称、その重要性を、カリキュラム編成経験の渦中で知りました。

2　二つの軸──広がりと順次性

もう一つは、カリキュラムを考えるときに軸がある、ということです。その軸は、「広がり」と「順次性」の二つから成り立っています。

教育学者とよく話し合ってみるんですけれど、一体カリキュラム論の中で依拠すべき確かな軸は何だろう、こう訊きますと、大抵の人たちは「う〜ん……」と言って詰まるんです。つまり、カリキュラム論というのには、理論的に頼りになる軸が非常に少ないのです。例えば、「潜在的カリキュラム」という言い方を時々するのをご存じでしょう。あれは、大学が提示している明示的な組織的学習の流れではなく、例えば正課外の活動や多種の人間関係を通じて学生たちが偶発的、体験的に価値観や態度、規範意識を獲得していくことを指す概念です。その内容は、言葉やテキストによって運ばれるものではなく、むしろ大学の中で再生産される外部社会の価値体系を意味する語として使われています。M・W・アップルというアメリカの学者が批判的観点に立って再設定したりしました。その「潜在的カリキュラム」と「顕在的カリキュラム」との二つの概念はある。しかし、カリキュラムというものを大学でこれから作っていくときに、頼りになる軸は何かと洗い出してみると、先きの二つしかないんです。

「広がり」とは、大学が教授内容として選択的に取り入れる文化の範囲です。芸術も含むような文化、その基盤の広がりのことです。その上に編成されるのがカリキュラムです。例えば外国語の中でどれを中心にやるか、英語だけをやるのかスペイン語も入れるのか、あるいはフランス語、ドイツ語の三つとも入れるかといった議論も、全部「広がり」すなわち「スコープ」に関する議論です。

もう一つは何かというと、それは「シーケンス」です。学習の「順次性」。これは先ほど申しましたように、学生が学習をしていく、その積み重ねのことです。あるいはどういう順序で学習させるかと言うことです。これはアメリカでは非常に大事にされて、例えば「スペイン語の1」、「スペイン語の2」というふうに積み上げる。もちろん自然科学系の科目だと「物理学の1」を学んだ者しか「2」は学習できない。これらが「ナンバー制」と言われるものです。基本になっているのは、学習を要求する側の吟味なのですね。

我々がカリキュラム論を考えるときにも、実は右の二つの軸で考えているわけです。

ただし、大学の教員にとって一番得意な分野はスコープなのかシーケンスなのかというと、圧倒的にスコープです。こっちは私たちは考え慣れています。例えば教養科目に何という科目を置くかとか、そういうことから始まって、外国語教育の種類は何にするかとか、そういう議論は、全部スコープ論になります。

それに対して我々が非常に考えづらいのは、シーケンスです。これは、学生の学習の順序を頭に置かないと、考えきれない。私たちは学生における学習の構造、あるいは認識の発達について、実は知識が乏しいのです。ですからついついこのところがいい加減になるんです。中教審から今そこを突かれているわけです。たびたび「科目のナンバー制を入れなさい」と言われているのはこのことです。つまり私たち教員が考え切れなかったシーケンスを改めて問題にされているから、要求に応えるのは辛いのです。

立教大学の全学共通カリキュラムを作ったときも、学習の順次性問題が非常に考えづらかったことを思い出します。どうしてかというと、学習の順次性を教養教育だけでなく、学士課程教育全体を視野において考える場合、専門学学習の方を支配しているのは学部です。一方でセンターをあずかる私たちは、一生懸命その手前の共通教育を作ろうと思っていました。両者間のシーケンスをどうやって作っていったらいいかということになると、あるところから先は、お互い睨み合ったまま話しが出来ないということになります。しかし、学士課程総体の学習を組み立てるときに、一番大事なポイントは、そこにあります。そこをどう作っていくかが、勝負になってくると思います。

3　専門と教養のこと

第二の話題として、教養VS専門の問題に移りたいと思います。体験をもとに考えますと、いろんなことに気付かされます。

第一に、学部を超えた教養教育を充実させていくためには何が必要かというと、それは〝目標〟です。そもそも大学教育は何を目指すのか。これをはっきりしないといけない、と痛感させられました。

簡単にいうとこんな背景と経過がありました。

もう二〇年以上前になりますが、立教大学は五つの学部と並んで一般教育部があって、ちょうど東京大学の本郷と駒場というのをそっくり学部に変えたような組織でした。大変一般教育を重視している大学でした。一般教育部にはちゃんと教授会があり、一般教育部で二年を終わった学生が三年目から各学部に進学して行く、こういう作りでした。

ところが、一九八〇年代末に臨時教育審議会が大学審議会を作って、その大学審議会のいろいろな改革の一つに、いわゆる「大学設置基準の大綱化」が実現したんですね（一九九一年）。その時に、立教の中では学部の先生たちが一般教育部に対して持っていた不満が爆発したんです。不満は言語教育でした。特に英語の力がついていない。これが各学部の先生方の大なる不満だったのです。三年生が来たんだから、さ、今から原書を読ませよう、と思っても全然読めない。いったい一般教育部の教育はどうなっているんだ、と。やっぱり言語教育のところが一番不満が強かった。そこへ、大綱化が進んだのだから立教全体の教育においてもっと教養と専門をつなごう、ということになって、議論が重なっていたんです。

私がちょうど東京大学を辞めて立教に移った九〇年代初めにも、まだ議論が行われていました。テーマの一つは新しい組織をどうやって作るかでしたが、もう一つは言語教育改革でした。結局どういうことになったかというと、全学共通カリキュラムというカリキュラムを作ろう、それを運営するセンターを作ろう、センターには部長を置こう、ここまではほぼ決まっていたようです。しかし、それがどうなるのか。そこは全く曖昧で、人事関係とカリキュラムの動きとがごちゃごちゃになって、どうなるかよくわからなかったですね。

私は心の中で、「ここでは大変なことをなさろうとしている、一体誰がそんなセンターの部長になるんだろう。」と思って、冷ややかに聞いていました。やがて二年くらい経ったころ、総長から「貴方がなってくれ」と言われてびっくりしました。形のないものの部長って辛いものだとすぐ分かります。しかし、どうにも断り切れず、仕方がない、と思ってなりました。私は立教に来てからは教職課程を充実させようと思って頑張っていたのに、その教職課程の人たちから、「それは面白いですよ、先生、行かなくちゃ。」なんて言う同僚が出てきたりして、おずおずと就任したんですね。

4　全カリセンターのスタート

本当に私一人と職員の人一人と二人のペアだけで最初始めました。やがて段々組織が出来ていって、各学部から二人ずつ運営委員が出てくる。従来の一般教育部はいずれ解散するということをはっきり教授会が自ら決めて動き出しました。三分野の先生は全部それぞれ関係のある学部へ分属する。自然科学系の先生は全部理学部に行く。人文科学・社会科学関係の先生は、全部文学部その他に行く。残るのは体育の先生と、外国語の先生です。この分野の先生は、二年間、とにかく一般教育課程を守らざるを得ない。とにかく目の前にその課程の学生が四千人以上いるんですから、先生方は「大学教育研究部教員」という肩書で残って、語学教育と体育の運営をなさる、しかしそれも二年後には解散する。こういう見通しが段々とついて行ったんです。

私の役目は、その傍らで新しい教養教育のカリキュラムを作っていくことでした。非常に大変でした。手続き、順序、内容などすべての面で錯綜し、混乱するものですね、ああいう時は。切実にわかったのは、カリキュラムの変化は人的な変化を伴うという、簡単な事実でした。受け持ちの教員の所属と利害という生々しい問題と実は関わってくる。つまり生臭いプロセスだということでした。しかし、それが一応段々と進んできたわけです。

やがて新設のセンターには五つの学部から二人ずつ運営委員が選出されて来られ、一〇人の先生方が揃いました。さすがにどの学部も、下手なことをそこで決められると自分の学部教育に響くものですから、「腕利き」の先生を出してくるわけです。つまりいずれ劣らぬ論客が一〇人集まって、プランニングを続けて行かなくてはならない。これまで決まってない科目も作っていく必要がある、という状況でした。

運営の激しい動きの中で私が思ったのは、学部の先生方は、どう説得したらこれから新しい教養教育を作るということに踏み出せるか、という問題でした。

思いついたことの第一は、大学教育の目標を再考することでした。目標を決める。まずそこをきちんと示さないことには、とても大学の中の雰囲気が一つのカリキュラムを作るというふうに向いて行かない、と思いました。専門学部の先生方に教養教育が大事だ、ということをしっかり知ってもらうためには、これまでの通念を変える必要があると思いました。どう変えるか。

解答に達する道は、これまでの通念は何だったかを振り返ってみることから始まります。これまでの通念は何だったか。

私の知るところ、戦後の大学改革後、五〇年間の流れの中で我々が抱いていた大学に関するメタ認識は何だったかと言えば、「教養ある専門人を作る」という目標観でした。「教養」の部分の形成を受け持つのは何か。それは一般教育というものである。究極の目標である「専門人」の形成を受け持つのは専門教育である。こういうことで一般教育課程と専門教育課程を併せ持つ新制大学が生まれてきたわけです。それから五〇年間ずっとその考え方で来ました。教員ももちろん、学生もそう思っていた。学生はやがて一般教育のことを〝パンキョウ〟と言うようになって段々見下げるようになってきたけれども、一応両方がつながっていた。先生の方は本当は「専門教育が自分のミッションなのに」と思いながら「一般教育をしないといけないだろう」と思ってやってる方が多かった。

外部で「専門人の形成」という目標に一番強くこだわったのは産業界でした。新制大学の卒業生たちは学力が低い、工学部を出ても設計図一つ描けないとか、五〇年間言い続けていました。他方、官界なども法学部を出たというのに法律のこと一つ解らない、一体新制大学はどうなっているんだ。ずっとそう言ってきたわけです。六〇年代の高度経済成長期はもちろんのこと、それ以後もずっとそのことを言ってきました。

しかし、その発想を変えていく他はない。「教養ある専門人を作る」ということにとどまっていては、専門学の先生方が教養教育を本気でできるはずがないんです。私は、発想をひっくり返す必要があると思いました。すなわち「大学は専門性に立つ教養人をつくる」。これに徹する必要がある、と思いました。それが学士課程教育の目標だと腹を決めることです。Undergraduate すなわち四年間の目標は、専門性ある教養人をつくることです、と運営委員会で訴えました。正式に発足した第一回の時、委員の先生方にそのことを言ったわけです。

言った時は必死でした。そんなセンター部長辞めろ、と言われるかな、と思ったんですが、思い切って言ってみたら通ったんですね。一番関心を寄せてくださったのは、思いもがけず法学部でした。その通りだ、と思われたらしく、その後、その言葉を繰り返していろんなところで解説されるようになったのです。一番渋かったのは経済学部の先生でした。経済学部の先生は、「自分たちは、四年間で経済学のディシプリン（専門訓練）をやるのだと考えている。だから最後はゼミで鍛えるんです。それなのに教養人を作ると言われてもピンとこない。」そこが一番渋かったですね。理学部の先生は意外にも「あ、それでもいいんじゃないか」、と言われました。

法学部や理学部がどうして抵抗がなかったかというと、それらの学部の先生は、実はそれまでに分ってたんですよ、四年間で専門教育は到底完成しないということが。みんな実はそう思っておられた。他大学の工学部などの教授たちもそうでした。卒業までに完成した技術者を送り出すなんてできない、と思いながら、でもやらねばならないと思って頑張っておられた。しかし口にできなかったんだと私は思います。法学部の先生は早くからロースクールというものをつくらなければ、学部段階では本当の法曹教育はできないと分かっておられたのだと思います。こうした点では、私の言ったことは案外的を射ていたように思います。

一つだけ出た質問がありました。「では、これまでの『教養ある専門人の育成』はどこがやるんですか。」というものです。私はそのときにはっきり申しました。「それこそ大学院に任せましょう。これからは大学院重点化になってくる時代です。『立教こそ、大学院で教養ある専門人を作る、これに邁進して行こう』ということでいいんじゃないんですか。そういう棲み分けをしていきましょう。」と。

私はあのとき重要な提案をやったと、自分でいうのもおこがましいけど、そう思います。必死でした。なんとかして専門の先生の意識を教養教育の方に向ける。この責任者は自分だ、と思い、頑張ってやってみたわけです。

5 「教養」の中身

二番目は、では教養というものの中身をどう考えるか、でした。以上の「初期提案」から約二年半かけて、一九九七年の四月から全学共通カリキュラムは全面実施に漕ぎつけたのですが、ともかくいつ果てることもない議論と準備作業の嵐の中で、過ごしていったわけです。

本当に途中では忙しさもすさまじいものがありました。部屋は事務局の中にありましたけれども、他の部局の事務の人たちは、「全カリの部屋ほど教員が出入りする部屋はない」、と呆れるほどでした。教員と職員があれほどに協働した機会はそれまでありませんでした。お互いに議論をし、打合せをし、一緒にいろんなことをやっていきました。

この中で、カリキュラムを作っていくときの非常に大事なポイントとして提案したことがもう一つありました。それはカリキュラム作成のための目処《めど》をどこに置くか、ということでした。カリキュラムの編成原理と言ってもよい。それをどう設定したらよいか。総長が我々推進部局の後ろにおられましたが、部長会でご一緒になるのと併せて、小さな機会を作ってよく話しをしました。

私は、新しいカリキュラムの原理として、ポイントを三つあげたらどうだろうか、ということを考えておりました。

一つは〝環境〟という目処です。次には〝人権〟、それから〝宇宙〟です。私はこの三つで総合科目を編成してみたらどうだろう、というふうに申しました。ところが総長がもう一つあるでしょう、と言われました。総長はオックスフォードで学位を取ってこられた塚田理《つかだおさむ》という神学者でしたが、その先生が、「もう一つは〝生命〟です、その四つでどうですか」とおっしゃる。ああ、なるほどと思いましたね。環境・人権・生命・宇宙という四つで総合科目を編成してみたらどうでしょうか、ということをセンターで提案してみました。総合科目の中に学部を越えて複数の教員が担当する総合B科目(よく主題別科目という風に言われます)を置くという方向を一応プランの中に組み込みました。でも、なんにも前例はなかったので、今から考えなくてはいけない。どういう目処で置くか、これは大問題だったのです。

私は先きの四つというのは非常に重要だと当時思いました。どうしてかというと、その頃から五〇年前、日本の大学に一般教育が入って来た頃の先学たちもはっきり気づかなかったポイントだったからです。

我々が小さかった頃、つまり戦中から戦後にかけて「環境」という言葉は、非常に狭いものでした。教育環境とか家庭環境とか、そういう即物的で狭いものでした。ところがこの言葉は、戦後大転換を遂げたわけです。いわゆる公害問題を媒介にしながら、人間と自然との関わり、あるいは、人間と社会との関わり全体を指す述語になってきた。環境という言葉は、現代を見る一つの重要な視角になってきたのです。

「人権」という言葉。これも私たちが中学生の頃は、「お母さんも選挙に行く」という程度の認識でした。つまり、投票権としての政治的権利、理想も思想もこれしかありませんでした。ところがその後ご承知のように、女性の権利、子どもの権利、さらに少数民族の権利、先住民族の権利、障害者の権利、いろんな形で「権利の思想」は普遍的広がりを持ってきました。今のように権利という思想が広がりを持つ時代が来ようとは、かつて考えられなかったことでした。

「宇宙」については、ご承知のように、軍事的必要を媒介として、月の裏側を観る、ということを経て、それこそ宇宙科学が飛躍的に進歩してきました。しかし、その中で、最後に出てくる問題は、宇宙の中になぜ人間はいるのか。最終的には哲学的、或いは神学的な問いです。ノーベル賞を受けたS・W・ホーキングも言っておりますが、天文学は最後に哲学、いや神学のところまで行くと。それこそ教養に不可欠な一部です。

最後は「生命」です。言うまでもありませんが、最近のように生殖医療の限界はどこにあるかが問われ、生死の問題を通して人間の生き方や尊厳が問われる時代はありません。また、生命科学を通じていろんな学問の境界がどれくらい薄くなり、そして一つのテーマに絞られてきたか、言うまでもないことです。

この四つを出してみたらどうか、ということをたびたび運営委員会でも申しました。この運営委員会は二週間に一遍で、すさまじい議論をしていくんです。夜六時から集まって弁当食べて、それから議論を始めて一〇時に終わったらものすごく早い方ですからね。何度も一二時までかかりました。それぐらい議論して行かないといけないんですね。今申しましたようなことを基準に置きながら、いろんな総合科目を編成して言語教育の方針を決めて行く、ということをやっていったわけです。

6　現代のリベラル・アーツ

要するに我々は、カリキュラム編成ということについて重要なのは、それによってどういう人間が作られるか、いわば人間像が大事だと考えていたことになります。と同時に、学習のシーケンスの中でどういう力をつけるかも考えていたわけです。我々がつけたいと思った力は、視角を基にして世界を見る力だったんです。そういうことを考えさせられたのはどうしてかというと、当時の総長が、度々我々に言われた言葉に「立教はリベラル・アーツを大事にしていきましょう」という提言があったことでした。

しかしそれだけでは運営委員の先生にも専門の先生方にもよく分からない。「リベラル・アーツって何ですか？」というような質問が会議で出て来るわけです。私は「僕は大学史を専門にしていますが、リベラル・アーツという言葉自体は、歴史用語だと思っています」というふうに答えていました。しかしそれだけでは答えにならないので、いろいろ調べてみました。そうしますと、リベラル・アーツというのは、世界を見る目なんですね。

ご承知の通り、セブン・リベラル・アーツという言葉があります。七つの「自由科」があって「文法」と「修辞法」と「論理学」これがいわゆる文系の三科、『言語三科』というふうに言われるものです。もう一つは、「算術」「幾何」「天文学」「音楽」で『数の四科』と言われるものです。これらが七つのリベラル・アーツ科目ですが、かつて東京大学の総長だった蓮實重彦氏が指摘したように、リベラル・アーツという言葉は我々に非常に理解しがたい言葉で、これに対応する正確な日本語はありません。確かにそうです。私は立教の塚田理総長のリベラル・アーツという言葉を聞いて、我々がそれを基に考えるとすれば結局、「現代におけるリベラル・アーツとは何か」を考えざるを得ないと思いました。

現代におけるリベラル・アーツとはすなわち、現代において世界を見る目なんですね。

かつて中世ヨーロッパの大学ですと、『自由七科』の最初の「文法」「修辞法」「論理学」この『言語三科』は教義書を読む力を育て、「算術」「幾何」「天文学」「音楽」の『数の四科』は、自然の読み方を教えるものだったと、科学史家の村上陽一郎さんは言っておられます。つまり神の言葉と自然とこの二つを読んでいく力をつけるのが、リベラル・アーツ七科で、同時にその力をつけることで人々は世界を見る目を作っていくことができる。それ以外の学問は神学・法学・医学といういわゆる中世ヨーロッパの大学の三科目、いわゆる専門職業人になるための専門学の科目でした。裁判官や高官になり、神父になりあるいは、医者になりという、そういう三つの専門職業人教育以外のところで世界を見る目を養っていたのが、リベラル・アーツだったと見ることが可能です。

今、日本では学部がたくさん並んでいますが、その大多数は専門学教育や資格教育の方をやっているということになる。その中で教養教育をやっていく意義はどこにあるか。そういう専門ディシプリンから離れたところから世界を見る目というものをどうやって養うか、意義はまさにそこにあるのではないか。その時に環境・人権・生命・宇宙というのは、現代において自然・人間・社会を見る視角を示し、そのための学習を促すことになり、それが「リベラル・アーツの教育」ということになるのではないか。こういうふうに思いました。その辺から、だんだん教養教育の内容が確定していきました。

7　言語教育という問題

しかしもうひとつ大きい問題がありました。それは何かというと外国語教育です。これは大きい問題でした。

全カリの企画が新しく始まった時に、今までのような外国語教育でいいのかという問題が特に激しく起きてきたのです。「英語の立教」という昭和戦前期ごろまでの伝統を本当に復活するとしても、しかし今までのような英語教育でいいか。その問題があります。もうひとつは、革新は英語を改革するだけでいいか、という問題もある。立教が取った方針は次のようなものでした。

外国語教育科目という言葉は使うまいと申し合わせて、言語教育科目という言葉に変えました。その言語の中には日本語も含む、ということにしました。その次に二科目必修は絶対にはずさない。これもやりました。ドイツ語あるいはフランス語、中国語、スペイン語、この四つのうちどれかを取らせるシステムははずさない。これは相当覚悟のいる改革でした。何故かというとそれぞれに専門の専任の先生がいる必要があるからです。

それまで中国語は全学たった一人の先生がなさっていたことがわかりました。どうしてかというと、それまで一般教育部が独立して、独立の教授会を持っておられたからです。それが解体した。そしたら実情が白日の下に出てきて、これは何だ、英語の先生は一九人位いらっしゃるのにスペイン語はお一人なんだ、そして中国語もお一人なんだといったことがわかってきたんです。中国語は、一人の先生が東京中駆け回って、何人かの非常勤を集めて一人で運営しておられたのです。スペイン語また然り。だんだん分ってきました。学生の実態を見ると、当時一九九四年頃には、いずれ貿易の中心は中国に移ると学生達は思っていましたから、山のように志望者があるわけです。それで教務課が申し込み順という方針を取ったわけです。そしたらまだ寒いのに、学生が夜中の三時から並び始めて、危なくて仕方がない。しかもその半分ぐらいは外れるわけです。外れた学生はどこに行くかというと、第二志望、第三志望に行く。その第二志望、第三志望はほとんどドイツ語かフランス語です。こういった語学の先生はひどい目にあう訳ですね。四月になって教室に入ると教室の中全部、第二志望の学生で満ちている。彼らを前に開講するしかなかったというのです。とても苦労しておられました。

それはいけない、やはり少なくとも先生の数は増やさなくちゃいけない。我々は、白日の下に出てきた定員事情を改めまして、中国語も一人から三人に増やし、スペイン語も最終的には一人から三人に増やしてもらって、現在もその人数でおります。これは大冒険でしたけれども大事なことでした。おかげでそれ以降(今も)先ほど述べたような惨状はほとんどなくなりました。英語教員のポストはその分減りましたが、しかし英語が減った分は、当時は嘱託講師制度というのを作って、英語を教えて下さる先生をお願いいたしました。その先生方には非常勤の数倍の謝礼をお支払して、英語教育に専念していただきました。最初は英語、ドイツ語の先生方に就任していただき、「ランゲージセンター」という新しいセンターに入っていただきました。私は初代のランゲージセンター長になったのですが、大いに勉強になりました。

特に勉強したのは語学の先生方の立場の難しさでした。立場の難しさというのは、カリキュラムの作成主体の側がどの科目を置くか、どういう選択制度にするか、その匙加減ひとつで語学の先生方のポストが決まるということです。これは専門学部の先生方とは相当位置づけが違うということが分りました。いざ一般教育部という枠が外れてしまうと、非常にその点では危ない位置にいらっしゃる。これは大変なんだということがよく分りました。

今も残っている問題の一つは、「読解中心」か「コミュニカティブ」かという選択です。政府や政党、特に与党系の委員会が次々に出してくる英語教育改革は結局、「読解」中心から「コミュニカティブ」中心に移れ、そして生活に役に立つ英語教育をやれ、ということですね。恐ろしい大波が押しよせてきているということになると思います。この問題に、私は当時全カリセンターとランゲージセンターを相ついでマネージする中で、どっぷり浸からされました。

8　専門科目の大変化

さて二番目です。専門教育と大学の構成との関係の問題と言えばいいでしょうか。先ほど申しましたように、全学共通カリキュラムの建設も大変だったのですが、進めていくうちに、専門の先生方のほうもいろいろな問題に直面しておられるということがわかりました。

ひとつは、ご承知のように今専門教育の分化が激しくなっています。新しい名前の学部・学科が続々と生まれてきております。当時立教は他でもなく、このプロセスと並行して新学部を二つ作りました。

一つは観光学部、もう一つはコミュニティ福祉学部、この二つを作ったのです。その後また、経営学部と現代心理学部、そして異文化コミュニケーション学部を作り、五学部だったのが、十数年間にいきなり一〇学部の大学に変わってしまいました。つまり大変化が専門教育に起きてきたわけです。そういう変化をどう見るか、これは重大な問題であります。

しかし国立大学も今やいろんな形でその変化を遂げておられる。こちらの山形大学もその変化に参加していらっしゃることがよくわかりますけど、この境界領域台頭という問題をどう見るか。

これは難しい問題です。一面から言うと、明らかに浅薄な経営主義です。それをやらなければ受験生が集まらないという理由一つで作っていく、というふうになります。しかし、私は新しい教養教育の中身を考えていくうちに、事態はそれだけではないのではないかと考えるようになりました。今学問は非常に大きな変動に迫られていると思われます。その変動とは何か。例えて言うと、それは流動化、いや液状化しつつあるということです。

私たちは、学問分類の基本をいつ得たか。中世ヨーロッパには、先ほど申したように神法医の三学すなわち、神学・法学・医学、そしてリベラル・アーツの一群、という四領域がありました。ところがベルリン大学ができた一八世紀の終わりから一九世紀の初めにかけて、プラスして哲学部が台頭し、そして新しい学部として理学部、文学部等が出来上がってきた訳です。ですから文学部、理学部、工学部その他我々の知っている伝統的学部というのは、大体ベルリン大学創設の前後に形を成して出来てきた訳です。

ところがそれが今問われていると私は思います。どこが問われているか。「専門学の中のどこに人間がいるか」という、押し詰めていくその問いだと思います。すなわちイギリスの科学技術政策学者マイケル・ギボンズなどが『現代社会における知の創造』（一九九七、丸善ライブラリー、小林信一訳）という本の中で言っているように、我々は課題に応じて学問を作っていくという時代になっているということです。その課題というのはディシプリンを越えたところから生まれる。すなわち「外生的」な課題に私たちは直面している。今までの学問上の創造は全て「内生的」だった。物理学なら物理学、生物学なら生物学といった専門学の中から生まれてきた。これに反してあらゆるディシプリンの枠を超えた外生的な課題、これに直面するように迫られているのが、現在の学問なんだ。これがギボンズ達の論なんですね。

私は、この指摘は当たっていると思います。加えて、外生的に起きた問題は、ひとつのディシプリンで対応することはできない。必ず複数のディシプリンで対応せざるを得ない。例えば地球温暖化という問題もまさに巨大な外生的課題の一つですが、それに対応するのはひとつの専門では足りない。その他あらゆる問題が我々の周りに起きつつあるが、これに対応する中で、新しいかたちの学問が創造されるのだと。

こういう議論を参考にしてみると、いわゆる新しい学部・学科、コミュニティ福祉学部とか環境創造学部とかその他我々が作り上げてきた学部・学科は、一見醜い経営的配慮にしか基づいてないように見えますが、しかし実は現代の学問的な要請、特に人間が生きていくということをめぐる諸課題から発したものではないかということです。これを私たちは見ておく必要があると思います。そういう意味で、私は立教のコミュニティ福祉学部も異文化コミュニケーション学部も両方とも肯定的に認めるものです。いずれも、大学の学部であるという基本条件を外しさえしなければ、トライしていいものだというふうに思います。だからといって他の学部が解体するわけではありません。文学部は文学部でいてほしい、それで結構、誰も今も文句言ってない。法学部は法学部でちゃんとあるということで、それらのほかに、境界的分野の台頭を認めていい。

ひょっとしたら私たちはベルリン大学創設から二〇〇年後の現在、もう一度学問の変革の時期に直面しているのではないか。それぐらいの見通しを持っていいと思います。

9　学部編成原理の変化

以上のことと密接に関わる現象は、学部の編成原理に、現在大きな変化が進行しているという事実です。すなわち「ディシプリンがあるから学部ができる」というのではなく、「課題があるから学部ができる」。そういう学部編成原理への変化が進んでいるのです。

考えてみれば私などが学んだ東京大学教育学部はそうだったのです。戦前を通じて、東京大学は、およそすべて全部の学部があると威張っていた旧帝大でした。その中に教育学部をつくるというのは、全く余計なものが生まれたということで、他の学部の先生方は、長く我々の学部を評価しませんでした。しかし「新しい日本には新しい学校と教育が必要だ、そのためには新しい教育の在り方をきちんと研究する学部が必要だ。となると日本の大学は教育学部を、しかも帝国大学が作るべきだ」。こういう占領軍の強い要望の下で、教育学部は生まれたんですね。後に学部の先生の中には〝ポツダム学部〟と自嘲する人もいました。そこで私ども新制の学生は学んだ訳です。

ところが先きに述べたように考えますと、教育学部は課題から生まれた学部であって、ディシプリンから生まれた学部ではなかったということです。今東京大学の中には東京大学に教育学部を置いてよかったと言う声もずいぶん聞こえてきました。われわれが教官でいたころには、既にレピュテーション（評価）の点で見下げられることはありませんでした。

学部づくりの原理が「課題に発する」ということ、これを私どもは認めていいと思います。

10　部局と全学

次に「全学」と「部局」という問題が浮かんできます。

教職員の皆さんもご承知のとおり、「部局はわがままを言う、全学がこれを補っていかねばならない。特に学長のガバナンスが大事で、それが通らなくなった部局の在り方はおかしい」と言われます。ついこの間、学校教育法の改正が行われました。改正はほとんど文句もなく通り過ぎてしまって、現役でしたら私はもっといろいろ言うところでしたけれど、退役の今は、止めました。実は学校教育法(九十三条)の、「大学には重要な事項を審議するため、教授会を置かなければならない」というあの案文は、立法当時、非常に強調されたものだったんです。

大学であるからには教授会を置く、教授会というのはそういう点で大学必置のシンボルである。さらに教授会で何を決めるかは実は慣習による。条項列挙主義ではない。これも当時、暗黙の前提でありました。いわば「必置原則」と「内容の不記の原則」ですね、この二つは最初からの方針だった訳です。それが今回は、必置原則は認める、しかし内容に関してはうんと狭めなさい、ということになりました。学長には、諮問されたこと以外は言ってはならないのではないか、ということにもなる。私は問題だったと思います。でもこれからの運用で決まってくると思いますから、あとは現役の方々にお任せすることになります。

ひるがえって大学運営の実態に即して考えると、「全学と部局」という問題は非常に重要です。

管理職の周辺にいる者からのアドバイスになりますが、部局の側の決定を行う際、学部が壁を作ってその中で審議し考えるということではなく、他部局の動向、それから事柄の公共性、この二つを重んじて意思決定をして欲しいと思います。我々の学部はこうして行きます、ということをお決めになる場合に、教育と研究についてては、全学を通じての公共的ニーズに即することが大事だと思うのです。

立教大学で、なぜ各学部の枠を超えて新しい教養教育カリキュラムを作れたかと言いますと、全学共通カリキュラム運営センターが全ての要求を「教育上必要だから」という理由一本で押して行けたからです。中国語の定員を一から三にして欲しい、スペイン語も増やして欲しい、英語はこれでやって欲しい、新しいタイプの言語教育担当の教員を入れたい、これらをすべて学内の最高意思決定機関である「部長会」というところに上げていって決めてもらったのです。悪口を言う人はいました。全カリまかり通る、全カリのいうことは全部通るじゃないですかと。通るはずです。私どもは、全学の要求に公共的に応じたんですから。それで通って行きました。

そのことを言わないで、ただ「うちはこれが欲しい」というだけではダメだと思いますね。

そこのところを今度、学校教育法改正で突かれたと思うんです。学長のリーダーシップが通らない、何故か？　学部がエゴイスティックだからだ、と言われ、それで押し切られてしまいました。非常に残念でしたけれども、ただただガバナンスにだけこだわる学長が、実はいかに孤立しやすいか、やがて分るときが来るでしょう。部局の編成員の側とすれば、今後意思決定プロセスの重要性と公平性をきちんと図りつつ運営を進めて行くことが重要だと思います。

加えて、先ほども申しましたように、学部の壁は、少なくとも学問論的には、融解せざるを得なくなっています。このことを直視すると、学部相互の協力や連携、管理運営機関相互の信頼や理解こそ肝要なのです。特に学部と全学の関係の点では、最も重要だと思います。

おわりに――カリキュラム改革と教職協働

教養教育組織は必然的に、超ディシプリン的性格ともいうべきものを持ちます。これから問われてくるのはこの問題です。学部という組織で大学の教育は本当に出来るんですか。これが今、さまざまな形で議論されている問題です。

ひとつは、カリキュラム・ポリシーとよく言われます。それを再検討しろ、変革しろ、と大学は要求されています。その変革とはいったいどういうことか。私の経験から言いますと、第一番目にカリキュラム目標の吟味と確立という仕事が来るのだと思います。

重要なのはこの仕事は幾つかの層に分かれることです。個々のコースのカリキュラム目標、学科のカリキュラムの目標、学部のカリキュラムの目標、それから全学の教育目標というふうに分かれる。そこのところを隔意のない討議を通じてきちんと積み上げていく。そして各々の目標の積み上げ方の中に、先程申した公共性というものを大事にしていく。これが非常に重要ではないかと思います。

二番目は、教職協働という課題です。これは私どもが大学教育学会でこの数年間やってきた研究テーマの一つですが、これから大学のカリキュラムを動かしていくのに、教職協働は不可欠です。幸いこちらの山形大学はこの点では、全国のモデルとなる働きをしてこられました。私の口から申し上げることではないでしょうが、教職協働などと言わなくても、力を合わせて今「つばさ教育計画」をなさっていらっしゃる。これはおのずから全国のモデルのひとつです。これも重要だと思います。

たとえば大学教育学会のアンケートの中に「カリキュラム原案を誰が作るか」ということで印をつけてもらいました。そうしましたら、見事に、半分以上の回答者が、「教員と職員の双方がやる」と書いていました。その理由を知りたいと思いました。そうしますと多くの大学で「どういう学生を育てるか」「何を教えているか」というカリキュラム作りで最終的なポイントのところに、職員の方の力がずいぶん入って来ているんです。実践の上でも各地の大学で両者協議のもとに教授・学習分野の領域を増やしていく必要が出来てくると思います。

教職協働が必要とされているさまざまな課題は、ずっと長年、教授会の仕事でした。しかし今や教授会だけでは始末できない仕事になりつつあります。恐らく今後増々大きな勢いで強まっていくでしょう。

最後は話が飛躍いたしましたけれども、ご清聴ありがとうございました。

（山形大学教員研修会・基盤教育ワークショップにおける基調講演、二〇一四年九月）

2章　大学と「地域」「都市」——そのつながりをたどる

はじめに

これからお話しすることは、公立大学というものが近代日本の百数十年の歴史の中でどういうふうに見られてきたか、それをパノラマ風に眺めるだけのことになるのではないかと思っております。と言いながら、実は私自身これまで細かい資料を調べるという経験しかございませんので、そもそも正確なパノラマを描けるか、はなはだ自信がありません。わたくしなりにベストを尽くすほかはないと思っております。

日本の近代大学史研究を専攻してきて改めて思うのですが、公立大学の研究というのは、実は一番遅れております。公立大学の数がそもそも少なかったということもありますが、それだけでなく、もともと近代の日本の中で、大学と地域、大学と都市といったテーマを考えていく素地がいかにも薄かったことから来ていると思います。今、唯一単行本としてきちんと出ておりますのは、吉川卓治氏著の『公立大学の誕生』（名古屋大学出版会、二〇一〇年）という本であります。それでやっと全貌が見通せるようになりました。これから述べますことも、大いにその本に負っております。

ところで、歴史研究の中では重視されてこなかったのに、このテーマは、実は今、大学改革のテーマとしては大いに注目されるものになってきています。大学の果たすべき役割や期待が大きく変わりつつあるからです。グッド・プラクティス、大学GPというのがあったのをご存じでしょうか。文部科学省が出してきた、大学の「グッド・プラクティス」（好ましい実践）を励ます奨励措置のことです。略して「GP」と言います。来年（二〇一一年）以降は廃止されますが、これまでは、何しろお金が付いて来るので、各大学ともそれを取るよう頑張らざるを得ませんでした。そのGPの中で、改めて、大学と地域の関係、地域への大学の貢献というのを進める動きが高く評価されるようになりました。

こういった動きを勘案すると、大学は、明治維新以来一四〇年間に伏流してきた「地域や都市との関係をどうつくるか」という問題を、改めて突きつけられているということになります。

現在、公立大学は、数的にはどんどん増えております。その公立大学、さらには国立大学、そして私立大学も、地域との関係はどうあるべきか、その一環に都市との関係というテーマも含めて、改めて課題を突き付けられているわけです。

以下、大まかに時代を区切りながら、問題の流れを見てみたいと思います。

1　情報獲得と構想の時代―明治初期

(1)岩倉使節団と田中不二麻呂・新島襄の調査

第一に、「情報獲得と構想の時代」がありました。

明治維新後、新政府が出発したころに、大学と地域との関係をどうとらえるべきかということは、新国家建設に当たっての一つのイッシュー（論点）でした。その論点へのかけがえのない情報を提供したのが、いわゆる岩倉使節団の欧米視察でした。

明治四年から六年まで、世界を回って海外情報を収集し、同時にいくつかの条約締結の準備も行ってきた使節団の中に、文部省関係の属官の一人として、田中不二麻呂という人物が随行しておりました。その田中は、アメリカで当時留学中だった新島襄と出会い、彼を伴ってアメリカだけでなくヨーロッパ各国を調査して回ったのです。これは、新島襄にとっても非常に実りある旅だったようです。彼はこのときの功績により、ぜひ政府の一員になってほしいと頼まれたのだけれども、いや、自分は大学をつくる、と言って、帰国後に同志社をつくりました。

二人が調査の上で得てきた情報こそ、大学と地域及び都市との関係について日本人が得た最初の知見だったのではないかと思います。それを収めたのが『理事功程』という報告書でした。これは非常に長大な文献でありまして、全体が、和綴本一五巻から構成されております。すでに復刻されていますけれども、岩倉使節団関係者がつくった諸種のレポートの中でも出色の正確詳細なレポートです。名著と言っていい。この中に実は、大学のことが出てくるのです。

滞在したのはアメリカでしたからアメリカの大学はもちろん見ております。しかしイギリス、フランス、それからドイツ、ベルギー、オランダ、スイス、デンマーク、ロシア、これだけの国を回って、教育の全面にわたって情報を集めてきているのです。今回改めて読み直してみましたが、田中は大学についても十分な関心を持っていたことがわかりました。

もちろん、前記各国の大学にすべて行ったわけではなく、学則を取り寄せてそれを翻訳させているにとどまっている例もあります。しかしお座なりな資料調査ではなく、たとえばフランスのように中央集権的な教育制度をとっていて大学がそれぞれ自分の大学区を持っていて行政機能も果たしている国、つまり大学が行政機関の一部でもあった国の場合、国家の全体制度の中で大学というものがどう位置づけられているかについて、強い関心を持って検討していることがわかります。田中は、新島青年とともに、欧米の相当な数の大学について、日本人として初めて、広範囲にわたる調査をやった人物でした。

その田中は、帰国後重要な役割を果たしました。

彼は当時、文部大丞と言って、今で言えば文部省の次官に当たる地位にありましたが、当時、大臣にあたる文部卿はずうっと空席でした。ですから田中こそ事実上の文部大臣でした。その彼が幾つかのことをやったわけです。

一つは何か。それは新しい大学の場所をどこにつくるかということでした。

明治八年にまだ東京大学はできていませんでした。明治五年(一八七二年)には「学制」という大きな法令が出ていて、その中に「大学校」という機関が規定されていました。その大学校をどこにつくるかという話が漠然と起きていたころであります。そもそも場所を決めなければいけない。再三、「あっちがいい、こっちがいい」ということを論じたその議論に加わって、「都会はだめだ」と田中は言っているのです。「都会ノ地タル、紛争雑踏万衆其ノ心思ヲ攪擾《かくじょう》シ、意慮ヲ深奥《しんのう》ニ着スルノ障害ナキ能ハス」。難しい表現ですけれども、要するに「既成の都会はごちゃごちゃしていて、物事を深く考えるのにふさわしくない」というのですね。「是ヲ以テ、欧米各地、大学校ハ市街ノ塵囂《じんごう》ヲ距《へだた》ルコト若干里、高燥幽邃《こうそうゆうすい》ノ境ニ設置候」と、実にきちんと言っております。

具体的にはどこにつくれと言ったかというと、上野の山、今の上野公園に当たりますが、あの一帯を新しい大学の場所にしろと言っております。あるいは駿河台、すなわち、今は明治大学や日本大学の一部がありますが、その駿河台もよい。二つのうちのどちらかだと。要するに高燥な高台で、静かで奥深い感じの、できれば森や林もあるところがいい。そういうところへ置けと、こう言っています。

しかし上野は、そのうち東京市が形成されていくと、オランダ人顧問Ａ・Ｆ・ボードインの勧告によって公園になってしまいました。大学は置かない。現実の東京大学はどこで開学したかというと、明治九年に、今の本郷の加賀藩上屋敷跡でした。ここに、あとで医学部になる東京医学校が移ってきてしまったのです。約三万坪の土地でしたが、ほとんど荒れ果てていたところを何とか整えて行くことになりました。

明治一〇（一八七七）年、東京医学校と東京開成学校が合併して正式に「東京大学」という学校が開学したころも、田中不二麻呂は、まだ文部省の指導的人物でした。彼は、先記のような大学立地選定作業に加えて、別の働きをしていたのです。

何をやったかというと、千葉県の国府台《こうのだい》というところに目を付け、「本当の大学校はそこにつくらなければいけない」と言って、太政官に掛け合い、現実に文部省用地として、早くも明治八（一八七五）年に、その一帯を入手していたのです。国府台というのは、中世以来の名高い戦史跡で、それこそ高燥な場所です。今は国立病院などが建っておりますけれども、戦前は長らく陸軍の演習地でした。その広大な場所を全部「将来本当の大学校はここにつくるんだ」と言って、彼は獲得していたわけです。

ところが、それを獲得した少し後に、先述のように東京大学というのが本郷にできてしまいました。それで、太政官は非常に不審に思いました。東京大学医学部（東京医学校が改称しただけのものです）を本郷にすでに置き、しかもちょっと前に入手した国府台の土地は文部省用地として保っておく。これは二重取りではないか。国府台というのは一一万坪ぐらいありますから、すごく広いところです。両方持っていたらおかしいのではないかと。

それに対して田中は直ちに「今出来たばかりの東京大学は、外国人が来て日本人に教えている、いわば語学関係の各種学校だ」と答えております。外国語教育を中心とする各種学校の一つである。これからつくる本当の大学は、千葉の国府台にできる。そこは何をやるかというと、日本人の先生が日本語を使って、日本の生徒に教える、そういう学校だ。こういうふうに彼は言って、本郷の屋敷跡と国府台の用地との双方とも、手放さなかったのです。

明治一〇年前後に起きたこうした経過は、東京大学にとってみると、自らを管轄している文部省トップの人物から「お宅はまだ大学ではないよ、だから東京のはずれの大名屋敷跡に作っておくんだよ。日本独自の、自立した本当の大学は房総の地に作るからね」と言われているようなものでした。「東京大学のネガティブな創立史」とか「陰画的起源」とか表現してもいいかも知れません。

ところが、田中が文部大丞を退いた後、国府台の話はいつの間にか立ち消えになって、東京大学の本拠はいつの間にか本郷のほうになってしまい、そこがやがて帝国大学になって発展するという流れになりました。結局、田中不二麻呂が提起した、大学というのは都会の中にあるべきものではない、むしろ「幽邃」の地にあるべきもので、しかも日本語による学術教授の場であるべきだという重要な考え方は、消えてしまいました。

(２)北海道における開拓使仮学校から札幌農学校へ

同じころ、「北海道における開拓使仮学校から札幌農学校へ」という、別の動きが始まっております。これも地域と大学を結びつけた動きの一つです。

北大の最初のころ、札幌農学校時代に来たW・S・クラークという有名な人物がいます。あの人は決して、ボーイズ・ビー・アンビシャスと言うために日本に来たのではないのです(笑声)。彼はマサチューセッツ州立農科大学の学長だったのです。牧畜中心の大農経営という、それまで、本州や四国や九州の日本の農業者たちが全然知らなかった農法を、北米をモデルにして取り入れたい、そのためにはどうしてもアメリカから専門家を呼ぶ必要がある、こういう目的を持って来日した人であったわけです。現に、農学校を中心に、牧畜を中心にした大農経営中心の北海道農業は出発いたしました。

こういうわけで、土地の需要と大学との関係ということからすると、札幌農学校が一番濃厚な関係を語る例だと思います。当初は開拓使仮学校という名前だったこの小さな学校は、初めは東京にあったのですが、札幌へ移り、やがてそれが大きくなるにつれ、そこを中心にして札幌の市街がつくられたといってもよいほどでした。言い過ぎかもしれませんが、大学中心にできた都市が札幌でした。

しかし、やがて東北帝大ができると、農科大学となってその中に吸収されました。そうなると独自の学校とは言い難くなってきます。しかしそれを乗り越えて、北海道帝国大学農科大学(農学部)となったのは、ようやく大正七(一九一八)年のことでした。

今まで申したのは、明治の初めぐらいからせいぜい一〇年代の半ばぐらいまでです。その後、地域と大学、あるいは都市と大学をつなぐ流れは、長らく隠れてしまいます。

2 「地方」認可と継続要求の時代——大正・昭和期

(1) 臨時教育会議の議論

その後に来るのが、「『地方』認可と継続要求の時代」です。明治末から大正半ばにかけての時代です。この時代の前半期には、臨時教育会議(一九一七～一九年、大正六～八年)という会議が開催されていました。第一次世界大戦を挟んで開かれた内閣総理大臣諮問機関で、明治以降最大の教育審議会でしたが、大学制度についていろいろと議論いたしました。すべてをお話ししますと時間を全部費やすほどに、この会議は大学制度に対して大きな影響を与えたのです。今、学生諸君が全く不思議と思わない「単位制度」を最初に日本に入れたのは、この会議でした。もう一つ、必修科目と選択科目、この必修・選択という教育制度を入れたのも、この会議でした。そういうふうに、大正時代の半ばに非常に大きな大学改革があったのですが、その間に、では公立大学のことが問題になったか。今残されている資料だけで言いますと、ほとんど論題になっていなかったのです。

当時、臨時教育会議の議論の末に公布されたのは、勅令としての「大学令」でした。それには「大正七年勅令第三八八号」という番号が付いていました。これは何をあらわすかというと、この年に四〇〇近い勅令が出たということです。教育に限らず、財政・行政・軍事等々猛烈にたくさんの法令が出たのです。そういう大改革の一環としてできた大学令の中に、第四条と第五条が出てまいります。第四条は「大学ハ帝国大学其ノ他官立ノモノノ外本令ノ規定ニ依リ公立又ハ私立ト為スコトヲ得」と記され、ここで初めて日本に公立大学というものが認められることになりました。同時に私立大学も、このときに初めて認められることになります。

実情を言うと、政府は渋々、公立と私立という二類型の大学を認めたのです。「私立はもともと大学ではない、帝大だけが大学だ」と長年言っていたのを改めました。それから官立ならいいけれども「公立」というのは本筋の大学ではない。この含意が次の第五条に表れています。「公立大学ハ特別ノ必要アル場合ニ於テ北海道及府県ニ限リ之ヲ設立スルコトヲ得」というのです。

特別の必要というのは何か。これにはほとんど説明がありません。どんなに会議議事録を見直してみても、何が「特別ノ必要」なのかわかりません。また、どのような機関が「特別」か否かを認めるのかということもわかりません。それから「北海道及府県ニ限リ」として、沖縄は外されています。沖縄には、戦前期に大学はできませんでした。沖縄県の最高学府は、師範学校でした。この条項のためです。

この第五条が後に他の文脈から問題になるわけです。

(2) 大阪商科大学の創立

次のヤマは何だったかというと、それこそこちらの大阪商科大学ができたときの、文政審議会(一九二四〜三五年、大正一三〜昭和一〇年)という、これも大きな審議会の論議でした。

そもそもこの審議会は、一〇年にもおよぶ長い存続期間の間に大事なことをいろいろ決めて行ったのですけれども「大阪市ニ商科大学ヲ設クルノ議」という諮問が含まれていました。こちらの『大阪市立大学百年史』(一九八三〜八七年)にしっかりとお書きになっておられますけれども、大正時代の終わりから大阪に商科大学を設けようという動きが盛んになって、それまであった三つの学校を一つにしたらどうかという議論が、早くから起きていました。それを受けて、文部大臣がこの審議会に諮問を行ったわけです。

大阪における学校統廃合の様々な動きはさておき、このときに議論されたことの中から、二つのことだけを申し上げておきたいと思います。

第一に、大阪に市立商科大学をつくることを認めてよいかどうかのメルクマールは、二つしかありませんでした。

一つは、「その土地は義務教育がきちんと普及しているか」ということでした。今でしたら、大学を持ってよいかどうかということと義務教育が普及しているかとは全く別の問題ということになると思いますが、当時の政府はそうは見ていませんでした。大学をつくるという以上、前提である義務教育を熱心にやっているかどうかをまず見なくてはいけない。こういうのが文政審議会における審議の基本発想でした。

二つは、大前提として、「大学は続かなくてはいけない」という要請があったのです。ほかの学校とは別だと。当時は専門学校があり、高等学校（旧制）・大学予科があり、そして、大学令によって単科の官立大学も公立大学もつくってよいことになっていました。すなわち高等教育機関や大学はいろいろ生まれることが予想されていたのですが、ある学校が大学になりたいと申請してきたときに不可欠なのは「継続しうるか」ということだ、と考えられていました。これは特に私学には厳しく求められましたが、公立大学にも同じように要求されたのです。私学の場合は、財団法人がつくることになっていましたけれども、その基本財産は大学を長持ちさせるほど確かなものなのかが問われ、公立大学の場合は、府県はきちんと金を出し続けてくれるかが問われました。継続可能性という条件を満たしているか否かが、絶えず検討されたわけです。

文政審議会で政府側の委員は、大学は国家的施設であるから中学校とは違うということを強調いたしました。中学校は「土地ノ状況ニ依リ」つくることができると中学校令には書いてある。だから、土地が必要とするならつくっていい（大正・昭和期は教育拡大の時代でしたから、どんどん中学校ができていました）。ところが、大学は「土地ノ状況ニ依リ」つくるものではない、それ以外の条件がある、ということを、田所美治《たどころよしはる》という内務省勤務の委員の一人が非常に強く主張しました。

これに関連して「臨時教育会議というのがついこの間あったけれども、あそこではどうして市立大学の可否が議論にならなかったのか」という疑問が出ました。つまり、さっきの大学令の第五条、ここには「北海道及府県ニ限リ」と書いてあって、市立というのは書いてないではないか、なぜだったのか、という問いでした。この疑問をなげかけられた、両審議会の委員を経験した江木千之《えぎかずゆき》という、当時は枢密顧問官で、明治の初めからずっと教育にかかわってきた超ベテランの元内務官僚でしたが、彼は答えています。

「県ト云フモノモ既ニ大学ヲ立テルト云フノハ一体国家事業デアル、(略)市ト雖《いえど》モ市ノ普通ノ仕事以外ニ国家事業トモ認メラルベキ大学ヲ設立スルコトハ差支ナイ」。「併《しか》シ市ニハ町村ト等シク義務教育ニ付テ小学ノ設備ヲ完全ニシナケレバナラヌト云フ大義務ヲ持ッテ居ルノデアル、此義務ヲ充分果スコトモ欠イテ、充分果シタトハ云ハレヌ場合ニ、大学ノ設立ヲ許スト云フヤウナ規定ヲ設ケルニモ及バヌ、ト云フコトガ一ツノ理由ニナッテ居ッタト思フノデアリマス」。

貴重な証言です。実は臨時教育会議というのは立派な総会議事録が出て、戦後に全部出版されています。ところがその大きな総会で審議するための原案をつくった「主査委員会」というのが案件に即して複数できておりますが、その主査委員会の記録は全く残っていないのです。ですから、勅令案文の中の各個の文言がもともとなぜ出てきたかはわからないのです。上記の江木千之の言葉は、非常にまれな証言だと言うことができます。

大学をつくりたいという地域は、いったい義務教育普及に努力してきたか。大正期からこの論議があったからこそ、文政審議会は、このポイントを延々と議論したのです。文部省から資料を出させて、大阪市における義務教育普及の状況、その度合い等々を調べています。そうなると大阪市は強い。関一市長その他が、物すごく義務教育の普及に力を注いだ地域であります。全国でも秀抜な成績をもって義務教育支援力の高かった地域です。市民と市政リーダーの力によるものがすごく大きかった。大阪は義務教育の点で問題はないということがわかりました。

議事のことに戻りましょう。市立大学をつくるというのに、義務教育の話ばかりしている―とうとう委員の一人はかんかんに怒って「市の大学設立可否というような問題は、今ここで認可決定にすればいいじゃないか、本当はもっと大事な問題がある」と息巻きました。「女子教育をどうするか、女子大学をどう認めるかというような問題こそ、昭和の教育の一番大事な問題だ、早くこの議案は終わって次に進んでいただきたい」。そう言ったのは澤柳政太郎という、成城学園をつくった人物であります。明治末期には東北大学総長として日本で初めて女性を帝国大学の学生に正規入学させた経験を持っております。ですから、できるものならぜひ女子大学制度を認めさせたかったのでしょう。

その抗議があったりして、大阪市立大学論は切り上げて、文政審議会は別の審議案件に移りました（ちなみに、陸軍現役将校学校配属令という、学校に現役の陸軍将校が教練の教官として派遣されてくるという、昭和の時代を象徴する制度も、この文政審議会が決めたのです）。

ここでよく分かりますのは、戦前期には、大学が国家のものであるということは、基本的に誰もが認めていたということです。その点を疑う者はいませんでした。従って大学づくりは国家的事業である。これは、それこそ、かつて明治一九年に帝国大学というのができた後はますます疑うことのない前提となっていました。私はこれを、日本における「大学の国家原理」と称してきましたけれども、その原理についてだけは、誰も疑いませんでした。「では、もう一つのもっと大きな国家的事業である義務教育はちゃんとやっているか。」ということも大学づくりと同等の重要な論点だったのです。一見関係のなさそうな二つの事柄が、実は一つになっていたということが言えます。

大阪の案件の場合、大学創立の主体が市でしたから、上記の二つはいよいよ緊密な結びつきを持つことになっていたのでしょう。それが論議の長引きや、逆の反発も生みました。しかし結果は、大学令の改正にまで到達したのです。すなわち第五条中の「北海道及府県」が「北海道、府県及市」と改められました（一九二八年一月）。札幌に農科大学が出来たように大阪には商科大学をつくるという、需要と大学づくりのコンビネーションの良さも大いにプラスしたのだろうと思います。

この時期に、いかに大阪及びその周辺で、公立大学論が議論されたか、その有力なオピニオンリーダーがたくさんおられたということは、こちらの大変よくできた沿革史で十分触れられていることでありります。後でまた恒藤恭先生のお仕事も含めて、大学づくりの論理というもののご紹介があると思いますので、よくご理解ください。

一つだけ紹介しておきたかったのは、市立高等商業学校（これが市立商科の直接の前身でした）の卒業生がつくっていた有恒倶楽部で関一市長が行った講演です。先ほど申しました吉川卓治先生のご本にきちんと引用されておりまして、私はそこから見ることができました。読んでおきます。

「今や大阪市が市立大学を新に設けんとするに当っては単純に専門学校の延長であってはならない。国立大学のコッピーであってもならない。（略）学問の研究が中心とならねばならぬと共に、市立大学に在て其設立した都市並に市民の特質と密接なる関係を有することを看過する訳には行かない。（略）大阪市立大学は学問の受け売り、卸売の場所ではない。大阪市を背景とした学問の創造がなければならない。此創造が学生、出身者、市民を通じて大阪の文化、経済、社会生活の真髄となって行く時に大学が市民生活の内に織込まれて設立の意義を全くするものである」。

非常によく考えられた文章だと思います。

まず一つは、非常にわかりやすい。大学は学問の「卸売の場所ではない」ということです。すなわち受け渡す場所ではなくて、創る場所なんだと。

この考え方は、先ほど申しましたように、すでに臨時教育会議の中で、議論の中で何遍も確認されてきているのです。そもそも、官立であろうと私立であろうと公立であろうと、大学と言うからには学問を創造しなければならない、これは大正時代にはっきり確立した大学本質観の一部でした。関一は大阪市助役から大阪市長になっていた政治家でしたが、若いころには東京高等商業学校教授の経験もあり、社会政策論を専攻し著書も持っていた学者でした。従って大学と学問の関係をよく知っていました。だから「学問の創造」と言っています。

ただし、その学問がどんなプロセスを経て循環するかということになりますと「学生、出身者、市民を通じて大阪の文化、経済、社会生活の真髄となって行く時」と記されています。すなわち市立大学という場所そのもの、現在大阪で学びつつある学生、それから地元で活躍する卒業生、この三つが、新しい学問の担い手、大学のミッションの担い手になるのだということを、高いレベルのところで論じています。

市立大学とは何か、公立大学とは何かという議論は、ほかにもっとあるでしょうけれども、この関市長の言葉以上に出るものはないではないか。吉川卓治先生はそのように評価しておられます。私もそうだろうと思います。

話はずれますが、私は小学校時代は国民学校の教育を受けました。三年生のときに突然国民学校という名前に変わって、その三年後に卒業した世代です。今残っている資料を見ますと、国民学校という学校ほど地域と学校とを結びつけた制度はなかったのです。学校を中心として、子どもたちが集まり、父母が集まり、地域が集まり、それで日本が集まり、一丸となって米英に対抗する。残っている記録映画等々を見ますと、校長・教員の演説などはそういう論点に尽きております。実際、いろいろな政策文書を見ますと、国民学校は文字どおり地域の学校だという言葉が物すごく言われているのです。母親学級などという学級も、戦時中に生まれました。これは地域のもう一つの単位である「家」を学校に結びつけようという活動でした。

ところが、大学は関係ありませんでした。特に公立大学とは何かなどというテーマについては、戦時中にも見るべき痕跡が残っていないのです。そういう流れの中でいうと、大阪市立大学の本質を巡る議論は、昭和戦前期のものとはいえ、日本の近代大学論史の中でも稀少な遺産をなしていると言っていいでしょう。

3　再発見と争論の時代—敗戦直後から新学制発足期

さて、戦後になります。

「再発見と争論の時代」と言えると思います。これは、敗戦直後から新学制の発足の時代です。大学と地域との関係も、このときに正面から問われてまいりました。これには、占領軍の意図というのが実は大きい役割を果たしております。しかしそれだけではありません。日本の大学の中からも、戦後大学を地域との新しい関係の中からつくっていこうという動きが出てまいります。

(1) 広地域綜合大学構想――北陸・北海道等

一つは、広地域綜合大学構想というべき構想が幾つか出ております。例えば、はっきりしていたのは金沢大学です。北陸綜合大学をつくる。帝国大学のような大学を北陸全域を基盤にしてつくっていく、こういう構想でした。これは本気で考えられております。金沢大学があって、その隣には富山大学があって……という形ではなく、もっと大きな帝国大学を北陸につくろうというしっかりした構想が残っています。

もう一つは北海道です。北海道は敗戦直後のころ、日本の中でもまれに見る豊かな食料のある場所でした。石炭も出る、農産物も漁業資源もある。北海道独立論という意見すら起きていた時代です。あの時代に、北海道帝国大学を、もっと大規模な総合大学にするという動きがありました。

今申し上げているようなことに関する資料は、公益財団法人・大学基準協会にきっちり残っております。ガリ版刷りの、今にも壊れそうな資料ですけれども、そういうのを見ますと、「戦後一時期、日本の大学人は自分たちの働く具体的な地域をベースに置いて、大学をつくりたかったのだな」ということがわかってまいります。その辺は、私も戦後大学史を書いたときに取り上げ切れませんでしたけれども、今はいろいろな地域で、そういう志を語る資料が出てきて、大学アーカイブズに保存公開されるようになってきていますから、ごらんになれると思います。

(2)南原繁・本郷文教地区構想

もう一つ、東京帝国大学でも、総長に選ばれた南原繁氏が構想を立てたのです。東京の中に文教地区をつくるという構想です。東京大学を中心にした、当時の本郷区、下谷区、小石川区にまたがるエリアを総合して、大学を中心とするコミュニティをつくろうと提案したのです。岸田日出刀、丹下健三といった建築学分野の教授助教授たちを中心に、答申をまとめさせています。東京都の特別地区までもめざしたこの構想は、遂に実現にはいたりませんでした。しかし、東京大学でもこのような都市構想を考えた時代だったのです。

いずれにせよ、この時期、大学自身の内部から、地域と結びつきたいという動きが起きてきたことは、間違いありません。

(3)一府県一国立大学原則の中で

四番目は、ご承知のように「一府県一国立大学原則」という方策が決まりました。旧制の官立高等教育機関群は、府県を超えて合併することはできない、という原則です。これによって今の地方国立大学ができました。その過程で、地域というのが当然問題になりました。

大学に対する地域の要求のなかで大きかったのは何だったでしょうか。先ずは教員養成だったと見られます。教育学部や教職課程をあらゆる大学につくって、特にそこから義務教育レベルの教員を養成・供給してもらいたい。これは各府県の強い要望だったのです。どうしてか。それまで六年だった義務教育期間が九年に延びて、しかも上部の三年間は新制中学校ということになったからです。つまりいきなり三年間も延びた。では、だれがその新制中学校の先生になるか。教員候補者はどこから供給してもらったらよいか。こういうわけで、全国の、旧帝大を除く新制国立総合大学に「学芸大学」群が加わり、その他の地方国立大学には教員養成を担う教育学部や学芸学部ができたわけです。

戦後の日本の大学は大衆化した、とよく言われます。どうして大衆化したか。親の経済状況の変化とか学歴社会化といった背景が指摘されますが、私は、リアルな動因は教員需要であったのではないかと思います。それは教育改革が生んだ不可避の需要でした。これがあったから、各大学は教育学部をともかく発足せざるを得なかった。中には、二年間でとにかく卒業させて免許を与えるという課程を置いた大学も少なくないのです。旧制時代に師範学校を出た者などというのはごく一部で、あとは戦時中の、例えば代用教員をさせられていた女性の方たちとか、そういう方ばかりで、新しく三年間も延長した「新制中学校」という義務教育機関の教員を確保するには、やっぱり大学に頼らざるを得なかった。すなわち、新しい日本の希望を賭けた新教育を担う人材の育成は、大学に頼らざるを得なかったのです。

一府県一国立大学原則というのは、実は教員需要を媒介とした、大学の将来の大衆化を潜在的に内包した大学政策だったということができます。言い方を変えますと、地域は、戦後になって、先ず教員需要の発生主体として、大学の前にあらわれたのでした。

（４）占領軍の動向

この時期に、目を離せないもう一つの部分がありました。それは占領軍自身の動向です。

第一に、アメリカからやってきた占領軍の担当者たちは、日本に来てびっくりしたらしいのです。どうしてか。日本に来て大学と言われているところへ行くと、一番威張っているのは官立大学すなわち帝国大学で、次に威張っているのは公立大学と言われるところである。私立は一番下だと。戦時中、日本の私立大学はどうやらめちゃめちゃな目に遭ったらしいけれども、これも不思議だ。アメリカ人にとってみたら、私学こそ自由の象徴であるはずで、非常に不思議な事態ですね。他方、アメリカには合衆国立大学など一校もない。全部私立か州立です。その国から来た連中から見れば、官立大学があるということがまず不思議議で、次に、それが一番威張っているというのはもっと不思議だ。彼らは、「私立大学と国立大学はエッセンス（本質）において平等である」というようなことを、いろんな機会に言いました。これが第一です。彼らは、私立大学を大いに援助いたしました。

第二に、地域との関係です。彼らにとってみれば、大学がコミュニティとともにあるのは当然のことで、コミュニティカレッジも生まれており、ジュニアカレッジもどんどん拡大しつつある。一九四〇年代あたりは、アメリカにおけるジュニアカレッジの拡大の真っ最中の時期でしたから、そういう目から見ると、大学が全部地域から離れているのは不思議で仕方がないということになります。第三はマイナスの側面ですが、大学の政治的性格に関する占領軍の認識の問題でした。どうやら日本の大学は「左翼教授」たちに操られているようである。その左翼教授たちをコントロールするためには何が必要か。地域の要求である。この二つが重なって、何度か占領下の施策になってあらわれました。

日本の多くの大学人と最も対立的だった施策は、「大学理事会法案」に当たるものをマッカーサーの側近がつくって示したことです。これは当時、非常に大きい問題になりました。その法案を見ると、あらゆる国立大学には地域の住民から成るコミッティーが置かれると書いてあるのです。そのコミッティーは、英語で言えばトラスティーズ（trustees）である、つまり理事会である、地域の理事がそのイニシアティブをとる。学長も教員もその理事会に雇傭されるものとなる。そういう管理運営組織にならなくてはならないというのです。これはアメリカ州立大学の管理形態と類似していました。

その流れが、組合運動が一挙に活発化しつつあった大学や、次第に盛んになっていた学生運動への対抗軸として、打ち出されてきたわけです。この理事会法案には、当時の大学の教授たちは全面的に反対いたしました。さっき申しました南原繁氏などは、全国大学教授連合という大学教授の全国組織をつくって圧迫に対抗する動きを起こしました。

他方、占領軍がもっと深く指導していた日本側の組織は、先述の大学基準協会だったのですが、その組織が先に立って、大学・高等学校・専門学校の管理を地方（府県）に譲る（移譲する）というようなことはいけない、とはっきりと反対しました。これは先述の大学理事会法案とは別の方策だったのですが、大学と地域との結合という原理からすれば、同じ根を持つ「占領軍当局発」の提案で、批判するには厳しい論議と決意とが必要だったのです。

さてこの時期にそういう文脈の中から出てきた府県の重視、それからコミュニティの重視というのは、日本の大学人にとって何を意味したでしょうか。

一つは、「地域とのつながりをうっかり強めると、戦時下の圧迫にようやく耐えて今回復しつつある研究の自由が侵されることとなる。保守的な勢力を大学に呼び込むことになる」。こういう警戒心が先ず呼び起こされたのでした。

二つは、地域の人たちはアカデミックなレベルが低い。そのレベルの低い人たちを大学の管理運営組織に抱き込むのはとんでもないことだという判断を誘いました。

占領という事態そのものへの批判と、右の二つの警戒心ならびに判断とが重なるような形で占領下の大学政策が打ち出されてきたことは、日本の大学史における地域と大学との不幸な出会いだったというほかありません。結果として、これ以後、地域を大学の中に入れてはならないという考え方が大学人の常識の一つにさえなってきたと思います。

そういう点で、「再発見と争論の時代」と銘打ったこの戦後の時期は、今でも新しい目で見ておく必要のある時代であります。残念ながら、吉川先生の本には、そこのところは真正面から触れられておりません。今後の大事な課題の一つではないかと思います。

4　潜在的自覚から全面奨励の時代へ——その後の半世紀

時間を使ってしまいそうなので、少し急ぎますが、その次の第五の時期というべき時期は「潜在的な自覚から全面奨励の時代へ」で、これが現在です。

かつて、潜在的には大事だと思われていた地域と大学の関係、これに対しては、今は一転して全面的に奨励されています。

(1)農業を基盤とする一部大学の自覚——岩手大学農学部

その歴史を見てみると、一つは、農業を基盤にする一部の大学で自覚運動が起きました。

考えてみると、農学研究と農業者の育成という仕事は、さっき言いました教員養成に次ぐほどに地域に密着した事業です。一時期、岩手大学農学部などが、特に一九六〇年前後に非常に大胆な改革を実施されました。地域の農民の方を次々に非常勤講師でお招きをする、その方に講師になってもらう。これは一九六〇年代から七〇年代初めごろの試行で広く報道されました。今なら当たり前のことですが、当時の国立大学では考えられもしない冒険的な試みでした。毎回、近所のおじさんが講師になって来てくれる。学生にとっても大変新鮮なことだったのです。

(2)「学園都市」構想

二番目は、筑波大学学園都市構想です。筑波大学は一九七四年にできましたが、大学だけではなくて国立研究施設を擁した学園都市をつくるのだという構想のもとに、形の上から見ると田中不二麻呂の時代に近いような流れで、つくられてきました。他方、同じころ、日本教職員組合から委嘱を受けた教育学者たちは、教育改革構想の中で、地域住民の生活的要求に応える「地域総合大学」という新形態の大学をつくることを提案しました。この時期においては最も先端的な大学改革提案の一つでしたが、実現の条件には恵まれない構想でした(教育制度検討委員会・梅根悟編『日本の教育改革を求めて』勁草書房、一九七四年)。

(3) 散発的なリージョナルな試み

三番目には、散発的なリージョナルな試みがありました。ある時期には環日本海文化圏構想を立命館が提唱された時期もありますし、また、環太平洋という規模で考えられたこともあります。この時代に、リージョナルな地域に対する大学の対応活動がいろいろと行われました。

（4）二〇〇〇年代

そして二〇〇〇年代です。センター・オブ・ラーニング（COL）というの重点奨励活動が先ほど申したGPの先導形態として出発いたしました。センター・オブ・ラーニングの活動やGPなどを通じて、地域連携の全面的奨励が今行われています。地域に対してどう大学が貢献できるか、これを、だれも遠慮なく言う時代になってまいりました。

おわりに

一四〇年の流れをたどってみると、これまで、潜在的な課題や一時的な活動が、実はたくさん見え隠れしていたことがわかります。同時に、大学と地域の関係のつけ方そのものの中に、繰り返してはならない危険や失敗があったことも事実です。今回、講演を機に整理させていただいて、私にとっては幸運でした。

最後にどういうことを思うか。私見を三つ指摘しておきたいと思います。

一つは、大学は本質的に国際的な性格を持つ。国際社会は、地域や都市といった、いわば限定的な性格を持つ舞台とは違います。基本的に、大学とこれら二つとは、起源が相当違うものです。にもかかわらず、それらを結びつけるというのはどういうことかという問いはあります。これは大阪で言えば関市長のころからの問題で、やはり学問や教育の内側の質を通じてしか真に大学とこの二つとをつなぐ途はないだろうと私は思います。

学問は国際的なものです。そして大学は、国家的なものではなく、公的なものです。公的なものが地域的なものになり得るためには、どうあったらよいか。いや話は逆で、地域によって成り立ったものが公的な役割を果たすのはどういうことか、そしてそれが国際的な意義を主張しうるのはどういうときか、と問い直してもいい。そういう循環を考えることはできまいか。硬い表現で言いますと、「大学の国際的・国家的性格と地域・都市の限定的性格との矛盾の克服」という課題です。これを克服していく途は、私はやはり学問や教育の質における勝負しかないだろうと思います。さらに重大なのは学士課程教育を通じての人材養成で、大学が選び取った学問の教授と学生達の学習を通じて、いかなる能力や学識を持つ学生を地域に送り出せるか。これは、大学と地域の関係を最も具体的に示す部分になっていくでしょう。

二番目は、大学は続かなくてはいけないという、大正時代以来続いてきた考え方をめぐる問題です。これは、小・中・高校に対しては人々があまり抱かなかった課題でした。かつては継続性こそ、大学の必要要件でした。だから、旧制大学認可手続きの一環に、「勅裁」というのがあったのです。ある人や団体が大学をつくろうとする。そのとき大学の設立認可権は文部大臣にありました。しかし、文部大臣が、「これは大学にしてよい」と認めるその前に、勅裁という手続きを経なくてはならない。

それは天皇自身による裁可のことです。天皇の印(印璽)が押されていないと、大学はつくってはいけないことになっていました。終戦後までそうでした。

こういう手続きの基盤にあったのが、継続性への要求でした。前提にあったのは、二重の考え方です。「大学であると認められるということは、天皇の側に「この機関は永続する」という御認定があったことだ」。これが第一です。二番目は「天皇の認可を経てまでしてできた機関は、つぶれてはならない、それは国家の恥であるにとどまらず、聖慮に背いたという意味で畏れ多いことである」。こうした二重の考えがあったわけです。そういう制度は戦後なくなりまして、大学の設置認可権は文部大臣にあるということになりました。判定をするのは大学設置審議会(当初は大学設置委員会)ということになったわけです。

すなわち戦後は手続的にはがらっと変わったのですけれども、しかしやはり継続性が問われることは確かです。ただしその継続の意義は全く変わりました。

何よりも大学自身にとって、サバイバルに勝ち残って継続するか否かは経営上致命的な問題になりました。一方、学生にとってみると、母校がなくなるというのは、痛切なマイナスになります。戦前・戦中に、陸軍士官学校とか海軍兵学校に行った人たちは、皆この経験を経ました。「自分の母校は江田島にあった」と言っても、若い者には全く通じないという話になります。今はどの大学の卒業生たちも、同じ目に遭う危険性を持っているわけです。

確かに継続は重要です。しかし、だれにとって重要なのか。国家のために重要ということではなく、地域のために重要ということでもない。私は大学自身および特に学生自身のために重要だと思います。自分たちの母校がどう保障されているかということです。

三番目に、最後のテーマです。「大学が都市をつくる」。これは田中不二麻呂がかつて発言してきたことでした。本当の日本国の大学は、千葉県の国府台という何にもない台地につくる。その周りに町ができるという順序で構わないではないか、というのが一四〇年前の田中の考え方だったと見られます。彼はその考え方を、小学校にも及ぼしました。ですから、彼の時代に、日本の小学校は、まれなほど地域と結びついたわけです。これは初等教育史の研究で明らかになっています。

戦時中、国民学校は地域と結びつきがありそうな形になりました。もちろんそれは敗戦によって崩れました。しかし、その後、今やはり地域との関係は大いに問われています。小・中・高校教育という公的事業がいかに地域にとって重要なものであるか。その逆に、地域の要望にこたえるということが小・中・高校の任務遂行のためにどれほど重要なことか。改めて問われています。大学もそうだと思います。需要と応答、要請と対応との循環を支えるのは、小・中・高校教育から大学教育・高等教育全般を含めた、公教育の公的性格が保障されることであり、地域はこの循環の中でどのように位置付くかが問われます。需要や要請に押し流されるのではなく、教育の自律性を確保しつつ大学が地域と連携するにはどうしたらよいか。私どもは、伏流してきたこの大きい課題に、今問われていると思います。

最後に「地域」「都市」と私は申しましたけれども、「都市」の問題というのは、「地域」の中にイコールで入らないのではないか、という気がいたします。都市化という問題と、地域の存在という問題とは違う事柄だからです。この点は後で先生方のご発表を聞きながら、考えさせていただきたいと思います。またチャンスがあれば発言させていただきたいと思います。

長時間、ご清聴ありがとうございました。

（大阪市立大学大学史資料室・恒藤記念室共催公開シンポジウム「近代日本の都市と大学―創設期大阪市立大学と恒藤恭」における基調講演。二〇一一年一二月三日開催。『大阪市立大学史紀要』第五号、二〇一二年一〇月刊より）。

3章　大学職員の能力開発（SD）への試論

はじめに

大学職員の組織的な能力開発（SD）は、その必要性と重要性にもかかわらず、効果的なプログラムをどのように実現するか、体系的なカリキュラムをいかに編成するか、といった面で多くの課題を抱えている。

本章では、先ず現在日本の大学で実現されている五つの能力開発ステージを取り上げて、おのおののメリットとデメリットを点検し、今後の活用方法を考察しよう。次いでSDにおいて最小限必要な内容（ミニマム・エッセンシャルズ）とは何かについて、①大学の本質への理解、②自校理解の形成、③大学政策への理解という三点に絞って提言する。さらにSDの目標は企画能力の養成にあるのではないかという観点から、職員のライフステージに即応したＳＤプログラムの必要性と、ＦＤと結合したＳＤのあり方とを論じ、職員の専門性を保障する人事コースをどのように創るかというテーマについて提案を試みよう。

さて、教員を対象とするＦＤの場合は、二〇〇七年度に学士課程教育段階の研修・研究が「義務化」されて以来、多くの研究活動や著作が公刊され、ともかく諸大学において実践も開始されている。しかし、職員向けのいわゆるＳＤについては、計画性を持つ実践プログラムの形成や、広がり（スコープ）と順次性（シーケンス）に裏打ちされたカリキュラム編成は、なお模索と開発の途上にある。組織的・本格的な出発に当たっては、計画とカリキュラムの見取り図とを作成しておくことが不可欠だが、その前提をなす提案もまだ出発点にあるように見られる。

著者は大学教員経験者ではあっても職員の経験は持っていない。しかし国立大学・私立大学では管理者的立場にあって、職員の方々とともに働く機会を、おそらく他の教員諸氏よりひんぱんに持った。また大学職員のための大学院修士課程（桜美林大学大学院大学アドミニストレーション専攻修士課程）で、創立期およびその後の数年間教鞭を執った体験を持ち、さらに所属する大学教育学会では「ＳＤの新しい地平―『大学人』の能力開発に向けて」という課題研究に参加している。

こうした活動の中での見聞を加味しながら、前記の課題について、文字通り試論的に述べてみたい。

ところで、冒頭にＳＤのことを「いわゆる」とか「通称されている」と述べた。その理由は、この語が「教員の組織的能力開発」を意味するＦＤの対語として用いられている日本の現状に対して、疑問を持っているからである。

このような用語法ないし慣例は、アメリカ・オーストラリア・カナダ等の諸国のものであって、イギリスではこの語は教員・職員両者の能力開発を指し、ときにはＳＤＵ(staff development in university)と略称することがある。このことは早くから紹介され(関　一九八六)、今では広く知られていると言ってよい。もちろん日本における用語法ないし慣例の背後には、大学組織の内部における教員と職員の職階の非交流的な並列状態、あるいは相互の身分格差というべきものがある。それはそれとしてまさにＳＤ論のテーマの一つになると言ってよい。しかし本稿ではこのテーマに深入りすることを避け、とりあえずＦＤ・ＳＤ対比型の用語法を前提として、論述しよう。

次に、ＳＤ論の研究史的基盤について一瞥しよう。

大学教育あるいは大学の管理運営を論じる場合、かつて職員の役割やその能力に対する理論的関心が高かったかといえば、答えは否定的である。著者の知る限り、一九九〇年代前に大学職員論が理論的に考究されたことは少ない。とりわけ、今日論じられているような発想形式、すなわち「大学職員の専門性の形成」という視角からの考察は、ほとんどなかったと言えるのではあるまいか。

もちろん教職員組合運動の中で大学職員のあり方が問われることは少なくなかった。しかしその場合も、待遇問題や勤務条件、あるいは身分格差等の問題が中心論題となり、大学の教育・研究に関する職員自身の役割や活動などが主題となった例は多くなかった。ただし、大学教育に対する図書館の役割や司書の責務、それを取り巻く管理運営制度のあり方等が論題になったことは少なくなかった。

そのようななかで、大学職員の専門的能力の開発を志向して大学行政管理学会が結成された（一九九七年）のは一つの画期であったし、セミナー開催や情報紹介に努力した筑波大学大学研究センターや、外国情報を精力的に調査した広島大学高等教育研究開発センターの役割も大きい。また高等教育総合誌（『ＩＤＥ　現代の高等教育』）が二一世紀の初頭から「職員」特集を組んだのも、顕著な出来事であった。このほか、高等教育問題研究会（ＦＭＩＣＳ、一九八一年創立）、私立大学職員人間ネットワーク（一九九八年創立）その他のインフォーマルな自発的学習組織が職員の手によって生まれ、インターカレッジ型の学習運動を展開してきたことも、注目に値する。

しかし、今日のように職員自身の立場に立ってその能力の開発が問題となり、しかもその総体が大学教育の改革あるいは開発との連関の上に論じられるようになったのは、おそらく空前のことと言ってよいのではあるまいか。管見に入るだけでもＳＤ関係の著書論文は急増しつつあり、今後もその勢いは続くであろう。

「大学教育研究史上における職員の位置」に関する研究史の整理は着手されているが（篠田道夫二〇〇七）、今後さらに精密に進められるべきテーマの一つである。さらに九〇年代前のことをいえば、管理運営上層部の幾人かの思い出や記録等を編纂した出版物は皆無ではなかったが、それらも公の出版物として登場することはまれであった。ましてやそれらの中に職員の能力の内容やその開発に関する考察が含まれることはほとんどなかった。

もちろん、労働運動論としての大学職員論は重要であるし、時にはルサンチマンの訴えとも見える職員論も無意味であるとは言えない。ただそれらが職員自身の働く大学という機関の特質とも、またそこで行われる研究とも直接の関連をもって展開されないのは、いかにも勿体ないという感を否めなかった。

このように見ると、中央教育審議会が二〇〇八年の答申において、SDについて詳細に言及したのは、画期的なことだったと言ってよい。それは周知のように、「伝統的な業務領域」においてだけでなく、インストラクショナル・デザイナー、研究コーディネーター、学生生活支援ソーシャルワーカーといった新たな職員業務まで例示して、SDの重要性を強調した。

1　既存SDステージの点検と反省

プログラム化に際して先ずなされる必要があるのは、現に大学で行われている、また今後拡大するであろうSD活動のステージについて、メリットとデメリットとを点検しておくことである。

既存のステージには次のものがある。

①人事異動（職務移動・部署移動）
②階層別研修
③外部委託あるいは専門団体による講習・研修
④大学院就学
⑤専門団体あるいは他大学への出向

①は、最も普遍的にまた日常的（年次的）に行われている活動である。活動というよりは人事制度ないし慣行といってもよい。「部署移動こそ最も典型的なSDです」と答える人事担当の管理職者も少なくない。部署移動がSDの一種になりうるのは、第一に、職員が多種類の職務に就くことによって職場・職務の全体を理解し、自分の多様な能力を発見・開発することができるからであり、第二に、職務移動や部署移動の前提に勤務評価が行われるからであろう。評価は能力開発の前提となる作業である。

このような諸点からすれば、「人事異動」と通称される①の職務移動・部署移動がSD活動の一環をなすことは疑えないところであるが、限界がないわけではない。

それは、この両者が年功序列を基本とする地位移動であること、また終身雇用を前提とするいわゆる日本型経営と密接に絡まっていることである。特に職務移動あるいは部署移動は、昇進可能性のある者にとっては将来のマネージメント業務への準備であり、「広く現場を知る」チャンスの提供措置であった。これを支えるのは「生涯一社主義」のシステムと意識であったし、まさにそれ故に職場を超えた共通資格制度によって認証される「専門性形成」という課題に関しては、適合性を欠いている。

国立大学法人では文科省の方針によって国立大学間を移動する上級職員を除いて、他の大学職員が中途で勤務大学そのものを変わる例は少ない。その場合、職務移動や部署移動はＳＤに代わる効用を持ちうる。だがその状況が変化を見せるとき（例えば勤務大学を変えても通用しうる専門性が顕在的に評価される時代が来たとき）、両方式がＳＤの機会になりうる可能性は低下すると見なければなるまい。

②は、職場内で階層別あるいは勤務年数別等の分類によって行われる研修活動である。

③は、独自に大学自身の委託によって、また（特に団体講習等は）職員自身の任意参加によって、行われる。

②③のメリットは、人事異動等とは違って、ある程度の内容的体系性が確保されることである。③は、「五年次講習」とか「一〇年次講習」といった方式で行われることも多いため、職員の職務ステージやライフステージと符合する研修機会となることも多い。

③の後半部分は、大学関係協会等の専門団体の講習やセミナー等であり、職務、職位、地域などの区分を設けて行われることも多いが、ある程度の体系性と情報獲得効果がある点で②や③の前半部分より優っているかも知れない。しかし大きなデメリットは、その教育の主体、すなわち講師やアドバイザー、企画者等が、参加者・受講者にとっては「外部者」である点である。講習や研修の場で伝え

られるのは、大学一般の、あるいは特定セクターの大学（例えば団体加盟私立大学や短期大学等々）に関する情報であり、また、事務職業人一般に共通する技法のドリルであることである。つまり参加者の所属する特定の大学の当事者でない人物によって教育や訓練が行われる、という大きな限界がある。他方、参加にはときに大学からの強制が働き、「職務としての受講」が求められる点も多いという点で、自発性に欠ける面があることも否めない。

④の大学院就学は、体系性の点で最も優れている。特に修士学位（他に、今後に増加するだろうものとして博士学位）を目ざして展開されるカリキュラムは、大学院毎に差異があるものの、独自のスコープとシーケンスをもって構成されており、しかも修士以上の学位論文を目標とする学習コースと訓練とが準備されている。この点で他の三つをしのぐSD機会となりうる。

しかしデメリットがないわけではない。

第一は、費用の問題である。通学形態を取る場合も通信教育形態を取る場合も、年間数十万円、ときには一〇〇万円近くの学費を覚悟しなければならない。勤務大学からの派遣あるいは学費援助の支援等がなければ、有職の参加者にとっても相当に大きな負担である。第二に、現在のところなお正規の大学院コースが少ないという問題がある。言葉を換えると、「受講チャンスの貧困」が、この方式にはなおつきまとっている。経済不況とサバイバル圧力のもとでは、正規の修士課程・博士課程の開設を多くの大学に求めることは無理であろう。

最近登場してきたのが⑤の出向である。著者は、各地の大学ＳＤ講演で発題する機会に、経験者から教えられた。

出向先には、専門団体向けのものが多いが、最近では他大学向けのものも現れ始めている。また、まれな例だが海外大学向けの出向制度も一部の大学で行われ、経験者も生まれてきている。専門団体には大学基準協会や私学団体その他があるし、大学院通学のために国立大学同士の間で職員の出向を認めている例もある。

以上のように種々のかたちを取る出向経験が、職員の能力開発に大きな効果を及ぼすであろうことは、容易に想像することができる。事務遂行スキルの学習、知識の増加に伴う視野の拡大、交友の増加による利便といった大学院での学習に類似した効果がありうる。だがそれよりも、職務・職責の変化が及ぼす刺激と学習は、おそらく①②③とは異質の総合的効果をもたらすに違いない。また大学間の出向のシステムは、今後大学間連携や協力が進行すれば、さらに増えて行くに違いない。

以上概観したように、既存の大学職員の能力開発方式は、種類において決して貧しいものではないし、今後の展開も予想される。ここで詳細にふれることはできなかったが、個別大学内部で長い歴史のもとに開発されてきたいわば「校内研修」に当たるＳＤ活動の存在も忘れてはならない（例えば立命館大学や日本福祉大学など。〔篠田道夫　二〇〇七、立命館大学大学行政研究・研修センター編　二〇〇五、等参照〕）。それらは上記と並ぶ、もう一つのタイプ⑤へと拡大してゆくかも知れない。

いずれにせよ、今後多くのスタイル・形態のＳＤ活動が生まれてくるであろうし（大学院すら一九九九年以前は皆無だった）、その動きが公に援助されることを大いに期待したい。

2 「大学リテラシー」の提案

大学職員の能力開発の第一歩になる課題、すなわち学習の内容として何を考えればいいだろうか。もちろん開発のステージをどこに据えるかによって、答えは大きく異なってくる。前掲④にあげた大学院就学に据えれば、修士および博士課程のカリキュラム編成と専門ディシプリン（両レベルへの専門訓練）はどうあるべきかという問題になる。その場合のＳＤの対象は、おそらく中堅ないしそれ以上の職位と年齢になることが多いと想定される。他方、ＯＪＴ形態やそれに付随した自主研究の場を想定すれば、学習形態は複雑になり、順序もおそらく多様である。さらに前掲⑤にあげた出向学習に広げれば、出向先の訓練形態や学習のシーケンスが問われることになるだろう。

しかしここでは、そうしたステージの違いを一応捨象して、「開発されるべき能力」と「獲得されるべき知見と教養」について、これを「大学リテラシー」と名づけて、著者の所見を述べたい。著者はこのテーマについてこれまで断片的に論じたことがある（寺﨑　二〇〇八ａ）。それを敷衍するかたちで、初任者あるいは中堅程度の「開発」主体を想定しつつ、論じてみよう。

第一は、大学という組織自体の特性の理解である。

この所見への大きな参考は、著者の現職時代の桜美林大学大学院大学アドミニストレーション専攻修士課程における教育経験であった。

職員の人々は、顕在的あるいは潜在的に、「大学とは何か」ということに関する第一歩の理解を求めていた。平たく言えば、「大学は企業・官庁その他の諸組織とどこが共通しどこが違うか」という点に関する知見と見解とを持ちたいと考えていた。

その底には、たとえば中堅あるいはそれより数年若い年代の職員ならば、同級生たちが経済成長やバブルの時期に大量に企業や官庁に行った、という事実があるのかも知れない。その頃に自分はいわば「地味な」大学職員職を選んだ。ところが現在になると、その職は大きな責任を持ち期待されるものになっている。あらためて「自分の職務の特質は何か」「大学（あるいは大学院）という組織の特質は何か」を根本的に考えてみたい、という思いに駆られる。このようなライフコース上の意欲があるのではないかと想像される。

この問いに答える教育内容は、広義における「大学論」である。

次の三つのレベルと領域に分かれる。

①哲学的・思想的レベル……「大学理念・本質論」「学術研究と大学の関連」「大学の自律・自治」そ

の他

②教育学的レベル……………「大学教育史」「教授・学習過程論」「カリキュラム研究」「大学管理運営制度論」「教授・学習とそれに関わる種々の内部制度研究」「比較高等教育制度論」「大学政策」「大学関係法」「大学財政」「大学会計」「学生論」「学生心理研究」「学生相談論」その他

③社会学的レベル……………「大学組織論」「社会的ニーズと大学の関係」「アドミッション論・ディプロマ論」「大学改革の組織的研究」「評価論」その他

カギカッコ内には、なかば授業科目名を連想して想定した分節領域をあげてみた。これらに例えば「単位制度とその充実」とか「経済政策と大学政策」「私学の特質と使命」「日本の大学院の特質と改革課題」「学部論」「学位論」といった現代的課題やテーマを交錯させると、さまざまな授業科目の設定が可能になろう。

ＳＤの知識内容のミニマム・エッセンシャルズは、このような事柄を本質的に展開させて教授することである。

しかも現職院生の人たちには、学部の学生やいわゆるストレートの院生とは違って、日々の体験がある。例えば教務・企画等の担当者ならば、単位の履修と修了、学位認定資料作成、申請作業、窓口相談、試験や追試等々である。こうした業務を実行する際、さまざまな大学関係専門用語が日常的に飛び交い、ときには教授会との摩擦や葛藤も伴いながら、日々決断を迫られる。そのような経験を背景に受講し討論するという場があることが重要なのであり、学習を指導する側も、単なる教授者にとどまらず、この上もない教唆や刺激を得ることができる。

大学教育研究者の一人として、著者はたびたびそのような幸運に出会った。

3　自校への理解と政策理解

第二の大学リテラシーとして提案したいのは、職員の勤務する大学そのものへの理解である。最近の論文の中で、吉武博通氏は大学業務に関する「知識」の一つに「自分の大学に関する知識」をあげる(吉武　二〇一〇)。

氏は、「社会や学問の動向に関する知識」「大学業務に関する知識」と並んで「自分の大学に関する知識」をあげ、その内容として「収容定員と在籍学生数、出身地分布、留学生数と出身地・地域分布、学部別志願・志望倍率の推移、学部別就職率の推移、収入・支出内訳など」があるとし、さらに「自分の大学の歴史、教育の特徴、研究の強み、特色ある活動、最近のトピックスなども知っておくべきである」と提案している。

著者はこの提案に賛同する。それはまさにＳＤのミニマム・エッセンシャルズの基本である。そして、身辺での経験から言えば、大学の規模の大小を問わず、これらの知識が職員の間に共有されていないことも、確かである。

著者はまた特に先記の「さらに」以下の部分、すなわち職員の人たちに自校史が学ばれることを強く勧め、そのためのテキスト作りにも参加してきた（寺﨑　二〇〇八ｂ、本書第Ⅱ部第１章）。この知識は三つの意義を持つ。

第一は、もちろん職場そのものの理解である。

各大学の職場は、それぞれ独特の運営慣行や気風を持つ。企業で言えばおそらく「社風」とも言われるものに当たる。それに適応し、職務を遂行し、また改善するには、歴史的背景の理解が不可欠である。自校出身者の職員が自校への知識や理解を深く持っていると考えるのは早計である。ましてや最近増加の一途を辿っている他職経験の上入職してきた職員には、さらに不足しがちな知識である。

第二の意義は、これから重要性を増すと見られる学生への「自校教育」の充実への貢献である。自校教育について詳述は避けるが、今後重要性を増すと見られる（立教大学全学共通カリキュラム運営センター編　二〇〇九、本書第Ⅱ部第１章）。その自校教育を企画するに当たって重要な力を発揮するのは自校の歴史を知る職員であるし、また授業計画を編成するための知識を教員より具体的に知っているのも、職員である。裏を返せば、自校教育プログラム作成の経験それ自体が、職員にとってこの上ない自校理解の作業になる。

第三は、現在特に求められている「建学の精神」「大学の個性・特質」への理解を共有することができることである。

「建学の精神」は、その大学が創立以来経てきたさまざまな「選択」の過程の中に最も鮮やかに表現される。単なるステートメントの上だけの精神理解にまさる効果を、自校の歴史学習は保障する。

さてリテラシーの第三は、政策理解である。具体的には高等教育政策、大学政策、学術政策等を中心とする政策全般の理解を絶えず深めておくことである。

大学の運営や将来構想の立案等にとってこの理解がいかに重要であるかは詳述するまでもない。特に外部資金の導入や補助金・プロジェクト資金の獲得、種々の評価業務への対応、教員を中心とする諸会議の資料作成、国立大学法人であれば目標策定や運営費交付金の運営業務等々、職員の政策理解によって支えられない業務はないといってよい。部局設置申請の場合などは、この知識の有無が申請実現の成否を左右する。

政策理解にとって重要なのは、学習のための時間的スパンである。

周知のように大学政策・学術政策の立案主体は、政府や文部科学省関係の審議会だけでなく、多くの省庁(あるいはその審議会)、総合科学技術会議、日本学術会議さらには産業団体等々に多様化している。しかも「規制制度」をめぐる動向に象徴されるように、時々刻々変化する。このような政策の埋解には時間が不可欠であり、時間をかけた学習は、反面において職員の学識を「歴史性を持つ」ものに変える力となる。それを通じて、最近著者も唱えている「事務員をやめよう、職員になろう」という呼びかけを実現することができる（寺崎　二〇〇七）。

4　SDの目標について

SDの目標は何か。プログラムとカリキュラムを考えていく際には不可欠のテーマである。

もちろん広義には、「大学経営の改善・向上」が置かれる。前掲の吉武氏は、「求められる能力」の要素を「動機・意欲」「スキル」「知識」の三つのレベルから成るとし、これらがスパイラル的に働いて能力向上に帰結すると論じている。これは確かにSDの構造をなすものであると思われる。だが、著者は、「現場からどのような能力育成が望まれているか」を見るところから発想してみたい。

種々の調査結果が発表されているが、それらに共通するのは、「企画能力」を育ててほしいという点である。

すこし古いが、二〇〇二年にベネッセが事務局長と中堅職員に対して行った「能力開発に関する意見調査」では、国・公・私立大学を通じて事務局長たちが最も強く関心をもったのは、「企画能力」であった（国立八七・八％、公立六五・四％、私立八六・七％）。中堅職員たちも全く同様で、国立八六・九％、公立六六・〇％、私立八二・五％という集中ぶりである。この答えの背後には、当時国立大学法人化が目前に迫っていたということが大きい。事務局長が来るべき大変動に立ち向かいうる人材を求めていたことは、よく分かる。しかし中堅職員たち自身もまた、その能力の開発を望んでいる。おそらく両者に共通の事情があった（現在もある）からに違いない。「はじめに」でふれた中央教育審議会答申が、職員に求められる資質・能力として、コミュニケーション能力や「大学問題に関する基礎的な知識・理解」などと並べて「戦略的な企画能力」を挙げているのも、こうした事情を考慮したものと思われる。

これと別に、ＳＤのための講義としてどのようなものに関心を持つかという調査もある。その第一位は「大学の目標・評価・企画」であり、第二位は「大学の危機管理」であった（山本編　二〇〇四）。こうした要望や希望が生まれる大きな理由に、大学の職員が、プロジェクトへの参加、将来計画への参与、将来構想立案への協力等から疎外されてきたという事実があると見られる。米澤彰純氏が指摘したように、その傾向は国立大学法人の場合特に強い。勤務大学への帰属感は十分にありながら「一般の事務職員には、その大学の長期的ビジョンの形成に参加したり、運営にかかわるという権限がほとんど与えられてこなかった」（朝日新聞社　二〇〇五）という実態が大きかったと思われる。その反射として、サバイバルと激動に直面した現在、「企画能力」を持つ人材が求められ、またそれを育てる授業が待たれていると思われる。

しかしながら、以上のような傾向をカリキュラムやプログラムの課題として引き取るのは、実は容易ではない。

先ず「企画能力」とはいかなる能力なのか、という点が問題であるし、それはいかにして形成されるのかという問題はなおさら難しい。同様のことは経営論の課題としても重要なものになっているようであるが、大学の場合は、教務・財務からキャンパス問題、図書館活動にいたるまで広範なレベルにまたがる分野を対象とする「企画能力」が求められる。

しかし反面で重要な論点も含まれている。すなわち、さまざまな調査を見ても、職務遂行に直接必要なデイリーワークのためのスキル訓練を求める声は意外に低い、という点である（ベネッセの調査では七〜一七％程度）。前記のSDステージ問題に重ねれば、これらの教育こそアウトソーシングの講習や研修にゆだねてよいのではないかと思われる。もちろん職務移動や出向方式などはその最適の場所になるだろう。また他面、スキル訓練を随時職場で果たすチューター役やメンター役を果たす人物の育成なども課題になってこよう。

5　今後の課題

主に実感や見聞を頼りにして、議論を重ねてきた。

以下では、SDプログラムとカリキュラムが設定されるに当たって、あるいはそれと併行して重要と考えられる三つの点を挙げてむすびに代えたい。

第一に、SDは職員の職位・ライフステージ・勤務年数等を考慮しながら設定されるべきではなかろうか。

この観点を著者は、FDに関する羽田貴史氏の論考から学んだ。氏はアメリカの動向を紹介しつつ、東北大学教員を対象としたFDニーズ調査にもとづいて次のように言う。

「授業評価・教員評価・講演・ワークショップなどの有効性は年代に余り差異はないが、若い教員は大学外での研修機会や指導助言を高く評価する。四〇代以上はサバティカル制度の必要性が大きい」(羽田　二〇〇九)。

氏は、年代の違いを無視して一斉にFD活動を行うことは、「理解度や学習課題の異なるこどもを教室に集め、画一的な教育内容を一斉教授する学校教育の定型的なスタイルにあまりにも酷似している」と指摘している。

同様な弊は、SDにもないであろうか。

それを克服するには、年齢・職位・職歴等を基盤としたボトムアップのSD活動を助成する、あるいは、それを考慮した活動を法人側で準備する、といった配慮が重要になろう。

第二に、SDは、FDとの関連をどのように付けたらよいか。「はじめに」で示唆したように、著者は、この両者を対蹠的なカテゴリーとして区別することに疑問を持っている。しかし当面、実践活動は分化して行われるであろう。だが、講演会やワークショップが行われるような場合、ファカルティーと職員の一部が共に参加する、あるいはその逆に、SDの会にファカルティーが参加する、といった形態が取られることは実際上少なくない。それはそれで重要な意味があると思われる。なぜなら、職員は教員が直面している専門性上の悩みを理解することができるし、教員は（管理職的な職位についている場合は特に）職員の仕事と役割を改めて知ることができるからである。重要なのは、教員・職員の相互理解の進捗と大学内の情報の共有が援助されることであって、両者の関係構築こそが焦点をなす課題だといってよい。職員会員が増加しつつある大学教育学会でも、研究課題の一つとなっている（今田　二〇一〇）。

第三に、これまでふれないできた論点は、職員の「専門性」の形成をどう保障するか、特にそのための大学スタッフ総体の制度をどのように作り上げるかという課題である。

これはもちろん本稿の範囲を超える大きなテーマであり、舘昭氏が主張するように、そもそも「教員・職員の両者をともに大学スタッフとしてとらえ直すという、いわば原点からの出直し」が必要なのであろう（舘　二〇〇二）。

それにしても、そもそも①職員の採用の時点から専門職向けのコースと一般職向けのそれを設定するのか、あるいは②アメリカのように職務の中途から職員の中にさまざまなコースを設定していくのかという問題は残る。著者は、学校系統を分類するときの用語にならって、①の方式を「複線型」、②の方式を「フォーク型」と名づけて、問題提起をしてきた。

これはＳＤの前途に対して大きな関係を持つ課題であって、ＦＤ・ＳＤ二分法の中からは生まれない。ある私学で聞いた「教員と職員の中間の職は考えられないでしょうか」という上級職員の切実な質問を、著者は忘れることができない。ＳＤにとって最後の課題は、職員の職位向上のシステムの中に、専門性を生かした系列を創ることができるか、またどう創るかということであると思われる。

【参考・引用文献】

朝日新聞社主催、二〇〇五、『転機の教育シンポジウム　大学変容―法人化という衝撃の行方』（二〇〇五年二月二四日）における発言。

今田晶子、二〇一〇、「課題研究経過報告『ＳＤの新しい地平』」『大学教育学会30周年記念誌』大学教育学会。

篠田道夫、二〇〇七、『大学アドミニストレーター論―戦略遂行を担う職員』学法文化センター出版部。

関正夫、一九八六、「ＦＤに関する考察」『一般教育学会誌８』(1)。

舘昭、二〇〇二、「大学職員論」『ＩＤＥ　現代の高等教育』第499号。

寺﨑昌男、二〇〇七、『大学改革―その先を読む』東信堂。

寺﨑昌男、二〇〇八ａ、「大学リテラシー試論(1)～(3)」『教育学術新聞』三月。

寺﨑昌男、二〇〇八ｂ、『立教学院の歩いてきた道』（立教ブックレット２、立教学院）

羽田貴史、二〇〇九、『ファカルティ・ディベロップメントを超えて―日本・アメリカ・カナダ・イギリス・オーストラリアの国際比較』東北大学出版会。

福留（宮村）留理子、二〇〇四年、「大学職員の役割と能力形成」『高等教育研究』第7集。

山本眞一編、二〇〇四、『SDが変える大学の未来』文葉社。

吉武博通、二〇一〇、「スタッフ・ディベロップメント（SD）の体系化と実践」『カレッジマネジメント』161号。

立教大学全学共通カリキュラム運営センター編、二〇〇九、『大学教育研究フォーラム』第14号。

立教学院史資料センター、二〇〇七、『立教大学の歴史』立教学院史資料センター。

立命館大学大学行政研究・研修センター編、二〇〇五、『21世紀の職員像―知を束ねるプロフェッショナル集団へ』かもがわ出版。


（日本高等教育学会『高等教育研究』第一三集、二〇一〇年五月）

4章　大学改革と同窓会・校友会

1　研究の薄さ

一五年も前のことになる。日本私立大学連盟の依頼で同窓会・校友会論を書かせてもらった（「大学の歩みと同窓会・校友会」『大学時報』一九九七年三月号）。依頼は、もっぱら歴史の視点から「明治以後の日本の大学で同窓会・校友会はどのような役割を果たしたか」を書いてほしいということだった。おかげで沢山の大学の沿革史等を参照して考えを練る機会を得た。

だが困ったのは、既存の参考文献が少ないことであった。僅かに教育学関係の事典に関連項目が出てくるだけで、「大学の運営や改革に関して同窓会・校友会がどういう位置を占め、どういう役割を果たしているか、果たすべきか」を論じた論考はほとんどないことが分かった。

乱暴な言い方をすると、同窓会や校友会等を持たない四年制大学、短期大学はない。だが、それらと大学・学園との関係を正面から考えるエネルギーはまことに乏しい。卒業生・校友の「母校愛」や「感謝の念」を頼りに、経営者の才幹と人望で何とか交流と友愛関係を保ってきたというのが、少なくとも日本における同窓会・校友会と大学の歴史的な関係である。それ以上のことを考える余裕も暇もなかった、というのが実情ではなかったろうか。

また、あからさまに言えば、大学側にとっても、卒業生の側からしても、同窓会・校友会との関係は、適当に「利用」しておけばいいという程度の間柄だったといっても言い過ぎではない。大規模な建築や校地拡大、創立記念事業などの際に、同窓会・校友会から寄付があるかどうかは、大学の死命を制するほどの重要さを持つ。他方、卒業生の場合、同窓会・校友会等から理事に推薦されたりすると社会的に大きな箔が付くと言われる。要するに双方にとって小さな利益システムの一部ではあった。しかしそういった局面以外のところで、大学と同窓会・校友会はどういう関係をつくっておくべきか、そもそも大学にとって同窓会・校友会はどういう意味を持つ組織なのか、という基本問題は、ついぞ考えられて来なかったというのが実態に近い。

過去を見れば、大規模で伝統的な大学においては、大学への縁故入学の特権や校舎建築の請負などが同窓生や校友の重要な利権だった過去がある。他方、大学からすれば、そうした権益の配分を通じて学内の勢力地図に影響を与えるといったことも可能だった。そういう時代が、ついこの前まであった。

冒頭に挙げた論考を執筆していたころ、既発表論考の少なさに呻吟するなかで、以上のようなことにあらためて気づかされたのを思い出す。

だが、その後の一五年間を見れば、事態は大きく変わりつつある。

2　高まる関心

先ず、この一五年間に同窓会、校友会への関心は、地味ながら大きく高まっている。どの大学も競って「ホームカミングデー」を開催し、それに大勢の卒業生が集まっている。この風潮が強まったのは、この一五年の間である。二〇〇四年度から国立大学が法人化したが、そのあたりからこの風潮は特に顕著になった。他方、われわれのような書斎人にも分かるのは、雑誌の特集が出されたり、新しいテーマの研究論文が発表されたりしていることである。

雑誌特集の一例として、リクルート社刊の『カレッジ・マネジメント』誌が行った二〇〇七年の特集「卒業生を組織化する」がある（同誌一四四号、二〇〇七年五月刊）。

そこには、社説やアメリカ大学の同窓会事情と並んで、東京大学、立命館アジア太平洋大学、新大阪歯科技工士専門学校という三校の事例が挙げられ、それぞれの当事者が、実況や旨趣を報告している。

刊行から五年経つわけだが、いま読み直してみると、同窓会や校友会をめぐる状況の変化、より正確にいうと、四年制大学や短期大学をめぐる大学状況そのものの大きな変化が、同窓会・校友会への期待を今さらのように育て、また先入観を揺り動かしていることが分かる。

例えば同誌の第一事例に登場する東京大学では、これまで色々なかたちで同窓会的な集まりはあったが、それらはバラバラで統合されていなかったことが報告されている。事実、例えば工学部卒業生の丁友会、法学部の緑会、医学部の龍門会といった伝統を誇る卒業生組織はあっても、全学の連合組織などは皆無だった。それを克服して、今全学卒業生のネットワークづくりに取り組んでいるという報告が、理事の一人によって縷々語られている。そのために「卒業生室」を設けて卒業生サイトを開設し、開闢以来のホームカミングデーを開き、在校生と壮年期の卒業生との交流プロジェクトを運営する等、精一杯努力している、というのである。

立命館アジア太平洋大学は、七五にわたる国・地域に広がっている卒業生を把握するだけでも大変な事業であろうと想像されるが、この課題に向かって、特にバーチャルなネットワークを使ったりして、人的交流の機会をいかに熱心に開拓しているかが語られている。

同窓会や校友会に対する経営現場における関心の増大やそれを反映した雑誌等のメディアの注目の背後には、大学に対する左の三つのニーズがあらわれ、それが大学・短大と同窓会・校友会との関係に新機軸を迫っていると見られる。

ニーズの第一は、いうまでもなく大学志願者の確保であり、第二は、これまたいうまでもなく国・公私立大学を通じての財政難である。そして第三は、後述するように大学・学園の学校史史料・学園資料の整備と公開という全く新しい必要性である。これらすべてについて、同窓会・校友会の存在と寄与が不可欠になってきたと思われる。

3　志願者募集活動と入学プロセスへの参与

四年制大学の二割、短期大学の四割が定員割れに陥るという時代である。大学側が志願者確保を願い、さらに入学確定までの「歩留まり」を確保しようと期待するのは当然のことであって、そのために同窓会・校友会の協力を期待するのもまた自然当然のことであろう。

最近ではこのテーマに関する研究成果が出始めている。東北大学の鈴木敏明・石井光夫氏による「同窓会および校友会等の友愛組織の学生募集への関与に関する調査研究」(『大学入試研究ジャーナル』19号、二〇〇九年三月)はその一例である。このテーマ設定そのものが、以上の状況変化をそのまま反映している。

ただし結論から言うと、実態はそれほどの変化を見せていない。報告されているのは二〇〇七年一二月時点における二七六校の私立大学、一五四校の私立短期大学からの回答をもとに纏められたアンケート調査だが、学生募集および入学プロセスへの同窓会・校友会の関与度合いは薄い。著者も、少子化の折りだから大学は同窓会・校友会等の組織に大幅に依存していることだろう、と思っていた。だが、その予想は外れた。

　同窓会・校友会等の志願者募集活動への参加率は、私立大学では「入学志願者の紹介」を含めても僅か一九％程度にとどまり、短期大学の場合は一七％に過ぎない。「入学志願者の推薦」という事業――すなわち入試選抜の公正性という観点からすれば最も論議を呼びかねない事業――に関しても、両者ともやっと七％程度という低さで、「全く無関係」と答えた例は、いずれも八〇％を越える。つまり、入学志願者の募集や紹介、さらには入学プロセスそのものに関して、日本の大学の同窓会・校友会等はほとんど関係を持っていない。

　そもそもこの調査は、現在の大学入学が少子化とともにラージ・アドミッション（Large Admission; ペーパーテストによる学力評価に依拠した一括型の選抜方法）から、スモール・アドミッション（Small Admission; 推薦入学、ＡＯ入試等のアドミッション・ポリシーに即した多様な選抜方法）――いずれも原著者の説明による――への移行を意識して企てられたものである。推測するに、調査者も、アドミッションへの「友愛組織」の参加ないし介入が大きくなっているのではないかと予想していたのではあるまいか。しかし結果としては、むしろ微弱な関係しか浮かんでいない。

4　アメリカの大学共同体論者からの意見

ところで、大学運営に関して同窓会・校友会が大きな力を持つことで有名な国は、いうまでもなくアメリカである。

有名なものとして、ハーバード大学の年間予算や資産に同窓会からの寄付がいかに多いかというような例もある。山田礼子教授の取材によれば、そのハーバード大学では「母校にどれほど寄付するか」をめぐって卒業年次クラス間での競争が生まれるほどだという(山田、前掲『カレッジ・マネジメント』誌所収記事による)。

そのアメリカの大学組織論の中では、同窓会・校友会はどのように位置づけられているだろうか。もちろん、さまざまな高等教育事典類の解説は詳しいが、大学経営専門家の意見を知りたいと考え、手元の文献を調べてみた。参照したのは一九六二年にマグロー・ヒル社から出版された The Academic Community という本である。

著者ミレット(Millet, John D.)は、マイアミ大学学長であると同時に州立大学協会会長、全米公共政策学会会長、政治学会大学教育基準委員会委員長等を務めた人物である。著者は題名から分かるように、大学共同体論に立つ一九六〇年代の標準的な大学組織論である。また、アカデミック・フリーダムに関しても十分な配慮を伴って著されている概説書である。

ミレットによれば、そもそも大学の卒業生集団の社会的評価や学識・教養レベルは、大学が社会に対して文化的貢献をいかに達成しているかを示す最大の指標である。そして同窓会(Alumni)は、教授団、学生集団、職員、および経営陣と並んで、大学というコミュニティーを構成する重要不可欠の集団である。

だが、彼の基本的な認識によれば、大学というコミュニティーは、会社や官庁等の組織と違って「その中に上下関係を含まない」という点が最大の特質である。この前提に立ったとき、同窓会・校友会と大学との関係はいかにあるべきか。著者は丁寧な同窓会論を展開しているのだが、ここでは二つの論点だけを紹介しておこう。

第一に、同窓会は右のような大学コミュニティーの特質を妨げる存在であってはならない。これがミレットの確固たる主張である。

例えば、同窓会がその権力をもって理事会を裏から操縦して大学運営のイニシアティブを握ることも起こりうる。仮に、そうした操作を通じて同窓会が大学の中の権力秩序の頂点に立とうなどという企図を持つならば、それは大学構成の基本原理に反する。このような諸点に関するミレットの批判的主張は、毅然たるものである。

第二に、同窓会の資金援助に関し、次のように述べている。

「勤務校での経験の中で最も印象的だったのは、同窓生中の裕福なメンバーが大学へ寄附するとき、『自分たちが大学をつくりなおすのだ』とか『大学を思いのままに変えるのだ』などとは考えなかったことである。彼等は常に『大学の教育はどうあるべきか』というテーマだけを考えていてくれた」。

ミレットがこのように言うとき、彼の中にあったもう一つの同窓会像は、隙さえあれば大学を「仕立て直そう」としたり、教授団が解決すべき問題に容喙してくる圧力集団であった。

「人種的差別問題に大学はどう取り組むか、コミュニズムに対して学生たちの意識をどう育てるかを教員集団に任せていいか、といったトピックを同窓会・校友会が取り扱うような事態が起きるならば、それは大学コミュニティーへのルール違反だ」ということを、ミレットは理を尽くして述べる。先に引用した経験談は、このようなマイナスの同窓会像の対極にあるものなのであった。

実際、アメリカ大学の同窓会活動が右のような弊害を持ちやすいことも事実であるようだし、また大学の自由と自治にとって大きな障害物になりかねない歴史を持っていることについては、冒頭で紹介した拙稿にも記した社会学者R・M・マッキーバーの指摘もある("Academic Freedom in Our Time" 1955,

Columbia UP)。そうした実情のもとでは、ミレットが鳴らしているような警鐘も不可欠なのであろう。ただし、アメリカには同窓会の実質的な強力さと、それに対応する大学人の丁寧な考察との双方が存在している。これに追いつくには、日本ではまだ大きな努力が必要だと思わされる。

5 同窓会・校友会への新しい要望

述べてきた二つの期待、すなわち志願者募集と財政援助とに関する同窓会・校友会への期待は、新しいものとはいえない。しかし現在、このほかに新しい、そして緊急な対応を迫られている事柄がある。第一は、大学アーカイブズの建設（資料収集作業と文書館・史料館の創設や拡充）と年史編纂の充実とに対して、同窓生や校友会メンバーに寄与を仰ぎたい、ということである。

突然このようなことを言われていぶかしむ卒業生もいるかも知れない。だが、右の二つの活動は、四年制大学たると短期大学たるとを問わず、今や極めて重要な責務になっている。

例えば、有力な大学認証評価機関である公益財団法人・大学基準協会は、二〇〇九年、認証評価の新しい基準の中に、

(1)大学は自らの沿革史をきちんと編纂しているか、

(2)大学は研究・教育・運営に関する基本資料を保存活用できるように整えているか、

の二つを掲げた。この二つは、大学が教育水準を保証していくために用意しておくべきことである、言いかえると右のような活動は、水準保証のための内部システムの一部だというのである。

(1)の意味は明瞭だろう。「〇〇大学五〇年史」や「一〇〇年史」なども、今や間に合わせの引き出物では許されなくなった（本書第Ⅱ部第1章参照）。

(2)は、「大学アーカイブズ」といわれるものが設置されているかどうかを大学評価基準に加えます、と協会が公に示したことを意味しており、若干の説明がいる。

先ず大学アーカイブズというのは、大学の運営や教育・研究に関する資料を保存し、公開、活用するための施設または文書等の資料そのものを指す。こういう施設は、ヨーロッパやアメリカの大学には必ず設けられており、アメリカではジュニアカレッジも含めて九〇％以上の大学が「アーカイブズ」を設けている。それは地域に対して大学がどう貢献しているかを宣伝する広報施設でもある（本書第Ⅱ部第3章参照）。

一方、中世以来の伝統を持つヨーロッパの大学には、先ず自分の有する領地や財産を確定する文書庫としてアーカイブズができたらしい。しかしその後に改良発展して、大学の歴史的文書庫となった。そして、調べてみると、今欧米では、「近代の本格的な大学が持つべき三つの施設は『ＭＬＡ』すなわち博物館（ミュージアム、Museum）、ライブラリー（Library）、文書館（アーカイブズ、Archives）だ」、とされ言われている。どれも日本の大学ではさして重要視されなかった施設ばかりである。その一つであるアーカイブズ重視の方向を、大学基準協会という認証評価機関が確言してくれたのである。

さて、そのアーカイブズの充実に不可欠なのが同窓会・校友会の協力・援助である。

昔の大学文書や色々な資料が大学に全部揃っている訳ではない。例えば授業料の催促状や、ある年度・学期の成績表、時間割といったものが、卒業生の私有品やときには遺品のなかに保存されている。卒業生がかつて所属していたスポーツ・クラブの試合日程や得点表といった資料も、重要なアーカイブズ文書になる。こういった資料は、アーカイブズ担当者（今後アーキビストといわれる専門家が養成されて来るだろう）が駆け回っても集められるわけではない。同窓生およびその家族、校友会メンバーや家族等の協力がなければ収集できない。単なる遺品整理のつもりで母校のアーカイブズに寄贈した資料が思わざる文化的貴重品だったという例は、全国各地の大学で枚挙にいとまがない。アーカイブズと卒業生本人あるいはご遺族の厚意とがなければ成り立たない活動である。

6　教育改革についての情報開示―大学側の責務

第二の論点として、大学の側は、同窓会や校友会に対してどのような責務を負っているだろうか。

何よりも強調したいのは、種々の改革を求められている大学にとって、同窓会・校友会は改革の最大の理解者となってほしいし、また同伴者であってほしい、ということである。そして無論のこと、不可欠の援助者になってもらわなければならない組織である。

とすれば、大学側の務めは、援助の有無にかかわらず、同窓会・校友会に向けてさまざまな情報を詳細克明に伝えることである。教育や研究活動、特にそれらの改革活動の根拠(なぜ改革が求められるのか、何をめざしているか)、達成の程度や課題(改革はどこまで進んだか、新しく生まれた問題は何か)といった情報を、同窓会・校友会メンバーに伝えることである。

例えば、大学が新しい学科やコースをつくって学内に新風を吹き込む企画を志したとしよう。その企画を伝えて応分の寄付等の援助を仰ぐことはこれまでもやってきた。しかしこれからは、新設学科の特徴はどこにあるか、学科・コースの新設や改廃などの作業が企画されているが、それはなぜか、どのような新設備や建物がつくられているか、さらに、さまざまな学科・コースは受験生や社会からどのように評価され、どのくらい「人気」があるか、など、大げさに言えば時々刻々の情報が伝えられることが望ましい。学長や理事長から口頭で伝えるのはもちろん、会誌その他の紙媒体やウェブ情報を通じて絶えず情報が送られることが大切である。

大学の世界で今広く知られるようになった言葉にアドミッション・ポリシー、カリキュラム・ポリシー、ディプロマ・ポリシーというのがある。入学、カリキュラム、学位認定の各段階について検討評価を加え、改革を行って質保証を図れ、というスローガンである。

昔なら、アドミッション（入学）とディプロマ（卒業・就職）の部分だけが同窓会・校友会の関心事だった。だが今は、同窓生や校友、さらには在校生の保護者たちは三つのどれにも関心を持っている。かつてはカリキュラム改革のようなトピックは専ら「先生たちの仕事」と思われていた。だが現在は多くの関係者が知りたいと思うようになった。後輩たちや息子や娘たちはどういう教育を受けているかという関心や理解力が、昔と比べ格段に高くなっているからである。

他方、大学側は、アカウンタビリティー（説明責任）の遂行を不可避とする組織になった。同窓会・校友会に対しても、詳細で真摯な報告を行う責務とエチケットを、たとえ財政援助を仰ぐ必要がなくとも、これまでと比較にならないほどに強く求められている。

両者の新しい責務と大学のサバイバルの危機との交流点に、大学と同窓会・校友会の新しい関係を創り出すこと。そういう努力が、今求められている。

（私学経営研究会『私学経営』四四八号、二〇一二年六月）

第Ⅱ部　自校教育と大学アーカイブズ

1章　学びがいのある大学づくりと沿革史・アーカイブズの役割

1　沿革史編纂・アーカイブズとの関わり

これまでに私が、大学の沿革史の編纂やアーカイブズ（文書館）建設とどのように関わってきたかを話すことから始めましょう。

沿革史の編纂に関して一番長い時間をかけて取り組んだのは、立教学院です。『立教学院百年史』（一九七四年発行）と『立教学院百二十五年史』（『資料編、第一～二巻』一九九六～九八年発行）の両方に関わりました。続いて東京大学では『東京大学百年史』（全一〇巻、一九八四～八七年発行）に関わりました。

一二年間没頭することになりました。最後は東洋大学の『東洋大学百年史』(『通史編Ⅰ〜Ⅱ』一九九三〜九四年発行)です。学外の専門委員として深く参画いたしました。全八巻で構成されていますが、両巻に執筆し、資料編を含めて全八巻の編纂に参加しました。

アーカイブズについて申し上げますと、東京大学のアーカイブズ立ち上げに関わりました。当時、東京大学の学内には、アーカイブズに関する構想がほとんどありませんでした。われわれが辞めるころに、半ば脅迫するようなかたちで総長たちを説き伏せたのです。「せっかく膨大な資料が集まったのに、沿革史の編纂を終えたら部屋を閉鎖してしまうのでは、責任を持って管理ができなくなる。全部提供者へ返してもいいですか」と、総長のところに何度も押しかけました。その間に総長が三代替わりましたが、なかなか理解していただけませんでした。

「資料、資料とおっしゃるけれども、何メートルぐらいありますか」などと突然聞かれて、「各部局に散らばっていますから、今すぐには分かりませんが、二〇〇メートルぐらいあるでしょうか」などといい加減な答えを言った記憶があります。それでもとにかく必要だと言い続けて、やっと「東京大学史史料室」という名前の部屋を作ってもらったのが、東京大学を辞める五年前、一九八七年でした。

一方、立教学院に関しては、百二十五年史の編纂が終わった後、二〇〇〇年一二月にアーカイブズとして「立教学院史資料センター」が設置されました。今は新しい展示室を作ろうと計画が進行しているところです(注：池袋キャンパス旧図書館二階に二〇一四年五月から「立教学院展示館」として開館)。

最後に大東文化大学の「大東文化歴史資料館（大東アーカイブズ）」ですが、ここではとても面白い経験をさせていただきました。年史ができる前に、あるいは資料収集が始まる前に、まず展示室を作るというところから始まったのです。よその大学とは逆の流れをたどりましたが、それは良いことだったと思います。

何より印象的だったのは、校友の方々が後押しされたことでした。新校舎を建築する計画が進んでいる最中に、私が理事会で「沿革史に関する展示施設が必要です」と提案をしたのです。それに対して一番熱心に賛成してくれたのが、校友会代表の理事でした。三人おられたのですが、諸手を挙げて即座に賛成です。「私たちは年に二回校友会の総会で大学に来るけれど、みんな大学に滞留する手がかりがないのです。沿革史を展示する部屋があったら何よりです。絶対です」と応援してくださり、あっと言う間にプランが通りました。恵まれた場所に狭いながらも展示室を確保でき、現在は常設展と企画展を交互に繰り返して活動を進めております。正式に発足したのは二〇〇六年四月ですが、準備の期間を含めると一〇年近くが経ちました。二〇二三年の一〇〇周年に向け、資料収集はまだまだこれからですが、今も、大変活発に運営されております。

多様なかたちで沿革史の編纂やアーカイブズの建設に携わってきましたが、今日申し上げることも、そうした過去の思い出と結びついております。

2　大学が抱える問題

沿革史編纂やアーカイブズを考える際に、今日の大学が抱えている問題を率直に見ておく必要があります。

第一に「証明されていない多数の非難・批判」があります。日本の大学ほど社会から悪く言われている教育機関は世界でも珍しいのではないでしょうか。大いに貢献しているはずだと私は思うのですが、小・中・高校よりもずっと評価が低いのです。東京大学がいくら頑張っても「世界の大学の中では二〇位に入るか入らないかではないか」と言われたり、「京都大学はその倍ぐらい下だ」など、いろいろなことを言われます。それに対する反応もまた私から言わせると大変〝乱反射〟的にならざるを得ないわけです。

例えば中央教育審議会から、「学生の自習時間が少ない。学生の自習時間が多くなるような教育をしろ。それが大学がやる第一歩だ」などと言われたりします。最近の答申はもっぱらそのような調子です。経済界からはもっとひどくて、「GNPと最も関係のない機関は大学である」というようなことを言われたりします。

他方、本当に大学のレベルが下がっているのかどうか。これは論の分かれるところです。現に二〇〇八年に中教審が出した答申、「学士課程再構築答申」(「学士力答申」と言われるもの)の中では、『大学の量的拡大が教育水準の低下をもたらしたとは思わない』と書かれています。私はその答申の判断を見て、「文科省は今後、戦後の大学の大衆化という方針について、修正する気はないのだ。結構なことだ」と思っていました。しかし、文科大臣の中には新大学の設置認可を取り消そうというような人物もいます。大衆化という不可避の段階にある大学の本質的な役割はどこにあるかということを、われわれは改めて認識しておくべきだ、と思います。

(1)求められている大学の本質観

私は大学の歴史を研究してきて、大学全体のイメージについて常に気を配ってきました。はじめに、一九世紀に出来上がった近代大学のイメージ、つまり研究と教育は最初から統一されているのだ、というイメージが大前提としてあります。次に、哲学を中心として学部が構成される、という原則があります。そういう一九世紀型の大学像を定点として置きながら、しかし、天野郁夫氏の表現を借りると、そこで鋲《びょう》を打ったように動かなくしておくのではなく、少し別の見方をする必要があると思っています。

今日の大学はどうなっているのかというと、伝統的な大学がある一方で、〃やっと大学である大学〃がたくさん生まれつつあります。さまざまな形態、さまざまなレベル、さまざまな層の学力を持つ学生から成る大学が今、無数に生まれているのです。なぜなら、「青年たちに真の学術に接近する機会を与える」という現代大学の使命があるからです。そのために大学は必然的に多極化し、多層化し、そして多様化しているのだと判断すべきです。その流れを大学の堕落としてではなく、市民を前にした大学と学問の新しい関係として、言いかえれば大学の本質の現代的なあらわれとしてとらえていくのが大学史研究の使命だと私は思っております。

そうした大学像の流れは、沿革史やアーカイブズのあり方に跳ね返ってきます。私どもは一方で伝統的な大学沿革史やアーカイブズの必要性というものを認めながらも、他方で現代の多様な大学という要請にも応える、という二極性を持つよう迫られているのだと思います。

だからこそ大学の本質というものについて確かめておかなければなりません。そして、どのような沿革史を編纂するか、どのようなアーカイブズを建設するか、それこそが当の大学の正当性を証明する一つの鍵になると思います。

3　大学沿革史の編纂

さて、日本の大学の沿革史がどのように作られたかを見てみると、主に二つの類型に分けられます。一つは私学の沿革史です。『慶應義塾五十年史』(一九〇七年発行)や『半世紀の早稲田』(一九三二年発行)、『早稲田大学七十年誌』(一九五二年発行)といったものです。これらの特徴は聞き書き、聞き取った情報が多いということです。福沢諭吉や新島襄が生きていた当時に直接話を聞いた人たちが、耳や目に残っている事柄を元にして書いた。そういう見聞および伝聞を中心とした沿革史が最初に出ました。

もう一方は、国公立大学の官庁的性格を元にして書かれた、主に旧制帝大の本です。『東京帝国大学五十年史』(一九三二年発行)や『京都帝国大学史』(一九四三年発行)、あるいは『第一高等学校六十年史』(一九三九年発行)といった国公立の教育機関の沿革史はすべて、いわば官報と一緒なのです。しかし携わった人たちは第一級の学内の史学者たちでした。東京帝大は日本近代史専攻の大久保利謙先生が助手として関わっておられましたし、京都帝大はたくさんの日本史の先生たちが関わっておられました。一高の年史も、すべて国史のスタッフが力を入れて書いておられます。

(1)アカデミックな水準の向上

そういう二つの類型に分かれていたわが国における大学の沿革史ですが、現在ではさまざまな〝援軍〟が出現し、変化しつつあります。先ほどの講演(東海大学准教授・馬場弘臣氏による「学園史資料目録web検索システムについて」)で紹介されたように、新しいツールを使うことで、膨大な資料を扱うことも可能になってきました。道具と資料を使う専門的な力量というものが組織されて、新しい沿革史ができようとしているのです。

しかし沿革史編纂の最強力な援軍は「向上著しいアカデミックな水準」と言っていいでしょう。

かつて沿革史の編纂といえば、物好きのやる仕事と見られていました。物好きな人たちが手前勝手な自己称揚、自校褒めをやった雑書のように思われていました。しかし今日は多くの大学の沿革史がその状況を抜け出し、歴史書としての基本性格に近寄ってきたのです。全体としての学術的な水準が上がってきたと思います。これは皆さん方全員のご努力の成果だと思います。

私の記憶するところでは、注記や資料編のついた沿革史というものは一九六〇年代までは全くありませんでした。注が付いた一番最初の本は、私も参加した『立教学院百年史』です。編纂・執筆の中心を担った海老沢有道というキリスト教史の教授（史学科）が、「注のある論文を書きましょう」と方針を立てられました。出典注をつけたのですが、非常に新しい経験でした。

資料集については、獨協学園の『獨協百年』（第1号＝一九七九年〜第5号＝一九八一年発行）が最初だったと思います。そのころ以降、通史編や部局史編と並んで資料編を出すことが、ほとんど常態化してきました。今や資料編のない沿革史の方が珍しい、という状態になっています。

このようにアカデミックな水準の向上というものが、内側から沿革史を力づけている条件の一つなのです。

(3) 迫られる目的の明確化

二つ目の援軍として「目的明確化の必要」があげられます。今、大学の沿革史は抽象的に作るのではなく、何のために編纂するのか、その目的を明確に示すよう求められています。一番通りやすい理由は、〝歴史的点検評価作業〟、つまり歴史的自己点検の書として出す、というものです。

これまでの大学の沿革史は、大学の内部組織の変化というところに重点が置かれていました。いわば制度史、組織史なのです。ところがこれからはそれだけでは足りません。大学のプロダクト、生み出してきたものは何であったか、ということが問われてきます。大学のプロダクトは二つです。一つは卒業生の行先、もう一つは在任者・スタッフの学問的業績です。ところがこの二つはこれまであまり重視されてきませんでした。

卒業生の進路や就職先について、これまでの沿革史には、抽象的にはいちおう書かれてきました。しかし、どのような業種の、どのような規模の企業に何人程度就職したのか、その傾向がどのように変遷してきたか、そうした分析は少なかったように思います。専門分野の大学の場合、例えば医療系や看護系、あるいは教員養成系の大学などは、卒業生の進路が限られており、調査は容易かと思われます。しかし、卒業生をどのようなところに送り出し、その人たちがどのような働きをしてきたか、という追究は、たとえ「一般大学」でも、どうしても必要なのです。これまでの大学沿革史がこうした部分について弱かったことは、認めざるを得ないと思います。

また、卒業生の反対側にある入学者の変化に関しても、これまでの沿革史ではあまり触れられていなかったと思います。例えば今、私の所属している立教大学に関して言えば、ほぼ関東圏からしか学生を集めておりません。それ以外の地域からの入学生は非常に少ないのです。いつごろからこのような傾向になったのか、あるいは昔からそうだったのか、今後どのようになるのか、答えは出ていません。他方では東京大学のように全国から学生を集めている大学もあります。

また例えば、入試問題をひと目見るだけでも、その時代時代の大学の姿が反映されていることがわかります。実例として、私が『立教学院百二十五年史』を編纂した時に、入試問題を取り上げたのですが、大変興味深い結果が得られました。一九二〇年度の立教大学予科の入試問題では、英語において、「春が来た。鳥が啼く花が咲く。なんとよい季節だらう。」といった日常会話で使われる和文を英訳する問題が出題されました。同じ年度の旧制高校の入試問題を見ますと、哲学や思想に関する英文を掲げて、解釈せよというものがほとんどです。当時、立教大学にはネイティブの先生たちが全教員の半数近くを占めており、しかもその中のかなりの方々が構内に私宅を構えていました。そうした学園のあり方が、入試問題にも反映されていたのです。

そうした学生の出入りに加えて、教員の研究業績の調査も大事になってくる、と言えます。従来、教員の業績についてまとめることは大変困難でした。だいぶ前、東北大学記念館をお訪ねしたときに担当者が一番困っておられたのは、退官される教授たちに業績を出してくれるよう要望しても応じてくれない教授たちが少なくない、ということでした。しかしこれからはそれでは済まないでしょう。業績はすべて公にしておく必要が、大学に対する評価の面から生じてきます。

(4)大学の選択の歴史を明らかに

大学の沿革史にはもう一つ、「未来の課題を発見する」という役割があります。この先、大学がどのような課題に直面するか、それを探るためには、過去に行ってきた「選択の歴史」を解明する必要があると言えます。では、大学が一番最初に行った選択とは何でしょうか。それこそ「建学の精神」を明示したことでしょう。

「建学の精神を明らかにせよ」と言われたときに、揺らがない大学と、大いに慌てる大学とがあると思います。揺らがないのはカリスマ的な創設者がいる大学です。福沢諭吉の慶應義塾とか、新島襄の同志社とか。〝創設者立大学〟とでも言うべき大学は動揺することはありません。

また、ミッション系など宗教系大学もあまり動揺することはないでしょう。大学としての価値の源泉、時にはそれは仏典であったり、時にはバイブルであったりするでしょうが、明文化された原典があります。

一番揺らぐのは国立大学です。何の理念もありません。東京大学の百年史を編纂した後、学士会で夕食講演をし、その冒頭で「東京大学の創立に理念はありませんでした」と言った時のことです。一〇〇名以上いた聴講者は東京大学や旧帝大の卒業生ばかりですからさぞかし怒るだろうと思ったら、全然怒らないのです。みんなにこにこして、「そうだ、そうだ」と大喜びでした。なぜかというと、実際に東京大学の創立には理念がなかったからです。代わりにあったのは何か。それは文明開化、殖産興業といった国策でした。それ以外に理念はなかったのです。戦後になって他の大学と同じように理念が形成されていったのです。

ですから「建学の理念を沿革史で明らかにせよ」と言われると、国立大学は困ってしまいます。困る理由があるのですから、それは仕方がないことです。そういうわけで「建学の理念の解明」と大学沿革史編纂の関係は、なかなか直線的にはつながらないと思います。

そこをつなげるためにはどうしたらよいか。鍵は一つしかありません。「沿革史は何の歴史か」ということです。沿革史で最も明らかにすべきは、さまざまな時点におけるわが学園、わが大学の「選択の歴史」です。わが大学はどの道を選んだか、それらの解を一つ一つ明らかにしていくと、その中に重なって出てくる体質というか、理念が浮かび上がってきます。

例えば東京大学でいえば、歴代の総長たちが一番に受け継いできた理念は、「東京大学は各科全備の大学だ」ということです。各々の科目をすべて揃えている、つまり「大学は万学の府である」という考え方です。これはドイツ型の総合大学理念の一種のバリエーションだと私は思います。ですから東京大学は、事に当っては、「全備」してきた(と思っている)学術の総力を振り絞って応えようとする傾向があります。反面、自校にない専門領域は学問と認めない、という大きな弱点も抱えています。

一つ一つの大学が、歴史のさまざまな時点でどのような選択をしてきたか。それを解明するのは、沿革史の重要な使命だと思います。沿革史の役割は大きいのです。

(5)帰属感を育む自校教育

近年では大学沿革史の役割として、自校教育、自校史教育が付加されてきたと言えます(本書第Ⅱ部第2章参照)。朝日新聞が二〇一二年一〇月一二日付の紙面で報じておりましたが、岩手大学の大川一毅(同大准教授)先生の調査では、二〇〇八年の時点で一三八大学が自校教育を行っているという結果が出ています。しかもさまざまな大学でさまざまな形の自校教育が行われていて、自校教育は今、拡大の一時期を終えて内容に関する再検討の時期に入っている、というのが大川先生の判断です。私もそう思います。何のためにあるのか、何を教えるのか、という検討に、今、迫られていると思います。

自校教育はいくつものタイプに分かれています。一番多いのは、大学の歴史を教えていく講義形式のものです。次に演習形式のものもあります。また講義と演習、両者を組み合わせて構成するものもあります。

例えば広島大学では、「広島大学の歴史」という沿革史を概観する講義がありました。全一五回の講義で、広島大学の源流から原爆被害、理念や教員、大学紛争など、さまざまなトピックが扱われております。これとは別に「広島大学のスペシャリスト」という講義があります。こちらは教員だけでなく、図書館や人事、入試、就職など各部署の職員も加わっての講義です。

こうした自校教育の隆盛はなぜ、どこから来たのでしょうか。私は今日の、大学側の「学生との関係を変えていきたい」という意識がベースにあるように思います。大学にとって、学生は、ともすれば「たまたま偶然に関係のある入学者」となってしまいます。そうではなくて「自分はこの大学の学生なのだ」という帰属感をぜひとも持ってもらいたい。この思いが、各大学が自校教育を取り入れるポイントになっていて、その帰属感を作り上げるのに、歴史が重要な役割を果たしているのではないかと思います。

(6) 大学に込められた〝願い〟に気付く

私自身もさまざまに自校教育に取り組みましたが、学生たちがいかに元気づくかということを実感しています。自校教育を通じて、彼らは初めて何事かに気付くわけです。それは、「大学というものは、ある〝願い〟によって作られている」という事実です。ある願いによって作られた大学、そして自分はそこに入学したという事実、これらに気付きます。もちろん〝願い〟の中には既に自分が知っていたものもあるし、まだ知らないものもあります。知っていた願いと知らなかった願いとの、全体を統合して、一応学生たちは「分かった」となります。広島大学なら広島大学が、どういう願いに基づいてできたのか。立教大学はどういう願いに基づいてできたのかが分かった。その中に自分は座っている。単純な事実なのですが、それに学生自身が気付くのは非常に大事なことなのです。

さらに学生は、その願いに基づいて作られたこの施設に、自分は偶然ながらも居るのだから、徹底的にその施設を使おう、という気持ちになってくれるのです。このことについても私は立教大学の現職の時代に知ることができました。ある大学院生が、「一年生のとき先生から立教大学に関する話を聞いたので、大学院に残って勉強する気になった」と言ってくれたのです。そういう学生が思った以上に多くいました。学生の帰属感、それこそ「躍動的な帰属感」と言うべきものが生まれてきました。

しかし、自校教育には怖い部分があります。恥も外聞もなく話さなければならないからです。学生たちの求めるディスクロージャー、大学のあらゆる活動内容の開示、そういった要望にも応えるべきだと思います。

私も立教大学で話したとき、すべてを開示しました。戦争協力の歴史、戦後においてマッカーサーから指導的メンバーがパージされたときの実態、セクハラの歴史、その他、全部話しました。ところが、学生たちは少しも揺らぎませんでした。「そんな大学なら入ってくるのではなかった。今日で辞めます」という学生は一人もいませんでした。逆に「そうした歴史を経て、今、先生たちも頑張っているんだ」と理解や共感をしてくれたのだと思います。事実をありのままに、正直に話す。これはとても重要なことです。そうした自校教育を経て、学生たちの躍動的な帰属感が得られたなら、それは沿革史やアーカイブズにとっての大きな援軍となります。

4　大学アーカイブズの建設

さて、続いてアーカイブズについてお話しします。今、国立大学法人が次々にアーカイブズを開設していて、公私立大学のアーカイブズ作りにとって大きなイニシアティブになっています。つい最近刊行された『アーカイブのつくりかた─構築と活用入門』（NPO知的資源イニシアティブ編、勉誠出版刊、二〇一二年）という書籍の中に、新しい形でアーカイブズを作ろうということが書かれています。特にこの本は東日本大震災に対応するアーカイブズのあり方と意義というのを強調していて、私は非常に鮮明な印象を受けました。約二〇人の方が集まって書いておられますが、ここでいうアーカイブズは学校や大学、あるいは官庁等々のいわゆる既存のアーカイブズと違って、もっと世間一般の人々に向けての情報の整理、この責任を負うのがアーカイブズだという考え方です。

この本の冒頭部分を引用します。

「本書は、従来の文化財・文化遺産という概念を超えて、文化資源・デジタル文化資源の発掘・活用に着目した、同じNPO知的資源イニシアティブ編集の『デジタル文化資源の活用』（勉誠出版、二〇一一年）に続き、前著がいわば理論編だとすると、文化資源を実際に蓄積・活用する仕組みとなる（デジタル）アーカイブをつくっていくための具体的な課題・方法と実践例を紹介する「実践編」と位置づけて編集したものである。」（前掲書『アーカイブのつくりかた』ｉページ、柳与志夫「知識循環社会を支えるアーカイブへ」より）

(1)アーカイブズは情報のプラットフォーム

また、この本では「アーカイブズは情報のプラットフォーム」であると提言しています（同書43～44ページ、松岡資明「アーカイブズとは何か―その意義と現状」を参照）。単に資料が置いてある倉庫ではなく、駅のプラットフォームのような場所、それこそがアーカイブズである。人々が電車に乗り降りするために誰でもプラットフォームを利用するのと同じように、アーカイブズを利用すれば、誰もが容易に情報を得ることができる。アーカイブズは情報の発着点である、という位置づけはかなり新しいものではないかと思いました。

アーカイブズを情報のプラットフォームと考えてみると、ちょっと気が楽になるような、明るくなるような印象があります。あまりこだわりすぎずに、シンプルに、自分たちはお客さんが利用しやすいような、足もとが滑らないように、無駄な動きをしなくていいように、導線に沿ったプラットフォームを作ればいいのだと、考え方が自由になる気がいたします。

東海大学がこのほど構築された学園史資料の目録検索システムこそ、まさにこのプラットフォームと言えるでしょう。お客さんが求める情報に行き着くための一番便利なルートを設定なさったということになります。

（2）資産保護と手稿の保全

私は、一九八三年一〇月にアメリカで行われた米国アーキビスト協会（Society of the American Archivist、略称＝SAA）の大会に出て、大学アーカイブズというものの存在を肌で知ることができました。

アメリカの学者たちが指摘していたアーカイブズの原点とは、「資産保護とマニュスクリプトの保全」であり、それは「ヨーロッパが生んだ遺産」だと言っていました。

大学アーカイブズのもう一つの役割は、教員たち、あるいは学生たちの書いた手書きの原稿、手稿資料である「マニュスクリプト」を保全することです。

（3）地域への貢献を示して

アメリカの学者たちが三つ目に指摘していたのが、「アメリカの大学がアーカイブズに新しい使命を付け加えた」ということです。その使命とは、「地域に対する大学の貢献を示すこと」でした。

この大会に参加する以前、東京大学で百年史編纂に当っていたころ、皆と共同で、世界の大学アーカイブズを調べました。そのとき、アメリカの大学・短期大学の九〇％以上がアーカイブズを持っていると知って、非常に驚きました。日本ではとれも考えられない数字です。同じことをやる大学があるとは思えないし、やったとして誰か顧みる人がいるだろうか。しかし、アメリカで大会に参加し、いくつかの大学のアーカイブズをこの目で見て、日本の大学もきっとこうなるだろうと考えを改めました。あれから三〇年ほど経った今日ほど、大学が地域に対して「自分は何をやった」と報告する必要に迫られている時期はありません。アーカイブズはそのための極めて有効な手段になります。

（4）激動するアーキビストの矜持

最後に問題を指摘したいと思います。これまで話してきたように、アーカイブズは新しい使命を持って広がる必要があると考えた場合に、日本において一番大きい問題は、人手の確保です。国公立大学法人も私学も、大学の構成員、特に教職員の構成は極めて浮動的になってきています。臨時、派遣、契約、嘱託など、いろいろな身分の方たちが大学の中で働いていて、誰がいついなくなるのか分からないという状態です。そうした状態に支えられてはじめてアーカイブズの機能が成立しているというのが、事実です。極めて浮動的な基盤の上にしかアーカイブズが存在し得ないという問題、これは大きいことです。同じことが沿革史の編纂にも響いてきます。沿革史の編纂も最初から最後まで付き合ってくれる人がいるかどうか、という話になります。教官、教員たちですら、今は任期制が広がってきています。これは大変に深刻な問題です。

さまざまな機関が浮動的な人的条件と、仕事の重要さとの軋轢に悩んでいると思います。特に経営をされる方には、少なくともプロジェクトが終了するまでは人を動かさないという認識をしてほしいと思います。

アメリカにも似たような問題はありました。しかしアーカイブズに対する社会の認め方が違いました。アメリカ北東部・マサチューセッツ州にあるウェルズリー大学という私立の名門女子大学に行ってアーカイブズを利用させてもらったのですが、その構成は舌を巻くほどに綿密なものでした。

例えば一九四六年にアメリカから来日した教育使節団についての資料群がありました。その使節団の一人にウェルズリー大学の元女性学長が名を連ねていて、その方が大学に寄贈した資料を見たのです。その中身たるや、驚嘆すべき内容でした。電話のそばに雑然と置かれたメモ帳、それすら保全し、寄贈してあるのです。ですからそれを見ると、高等教育に関する使節団の報告書はこの日に書いたのだ、と分かるのです。それこそ本当に手書きの文字がそのまま残っています。

もう一つ、それを守る人、アーキビストは大変なプライドと使命感を持って働いていることもわかりました。同大学の女性のアーキビストに、働き方や仕事の中身などさまざまなことを聞きました。最後に「あなたはこの母校のアーキビストをさらに長く続けるつもりですか。それとも別の大学に移りたいですか」と聞いたら、「もちろん続けるつもりです。私は永遠に(for ever)ここで働きます」と答えたのです。それが強く印象に残っています。スキルやキャリアを武器に転職を繰り返す、一般的にイメージされるアメリカ的な専門職者観とは全く違っていました。アーキビストの矜持、これは並みのものではないな、と感じました。

この方と同じように信念を持って働ける環境が、日本でも整えられるべきだと思います。アーカイブズは大学にとって非常に重要な施設だと思うのです。しかしなかなか簡単にはいかない。この点が大きい問題だと思います。


最後に申し上げます。大学は多極化し、多層化し、多様化しています。しかしその中で、学生たちは一様に帰属感を求めているのです。有名大学であるほどなおさら、学生は自分と大学の関係を生き生きとしたものにしたいと願っています。これに応える必要があるのです。その願いを満たす要件こそ、沿革史編纂とアーカイブズの建設、この二つだと思います。

今後おそらく大学はもっと増えるでしょう。文科大臣が何と言おうと、私は増え続けると思います。私は新自由主義的な考え方は持っていませんが、その過程でだめなところはだめになるということはあり得ることだと思います。それは仕方がありません。そうならないように頑張るというのが大学の仕事だと思います。そういう点では今後、アーカイブズの建設や沿革史の編纂という作業が大学にとって極めて大事な仕事になっていくであろうと思います。

長い時間、ご清聴ありがとうございました。

(「東海大学建学七〇周年記念講演会議録」、全国大学史資料研究協議会東日本部会と共催。『東海学園史ニュー

ス特別号』二〇一三年三月、東海大学学園史資料センター編集・発行）

2章　自校教育の経験を語る

1　「思い付き」から「気付き」へ

追手門学院に招いていただいたのは、正確に言うと三度目になります。おかげで近畿地区のいろいろな大学の方々にもお会いするチャンスを得ることができました。しかし今回は特に、五〇周年という式典の一部として、つまり記念事業の一部として、この講演会を企画し、お開きになっております。

周年事業というのは、従来は、「記念」、すなわち自分の学校の歴史をたたえ、過去をたたえるという意味しか持ちませんでした。けれども、これからは違うべきではないか。つまり、今後の大学としての在り方を見定め、今後に向けて周年を祝う、ということでないといけないのではないかと思われます。今回、こちらの追手門学院はまさにその趣旨に沿って、将来の課題や方向を考えるために、自校教育というテーマをお取り上げになったんだ、大変心強い、と思っております。

なお、本日の全体テーマは「自校教育のいま」となっております。しかし「いま」については、私は教員としては退任しておりますので、ほとんど存じません。現状は他の先生方にお任せして、私はその前座を務めさせていただくことになります。そういうお気持ちでお聞きください。

ところで、今日を機会に、やはりどうしても繰り返し聞いていただきたいことがあります。それは、「自校教育などということを、どういう気付きを通じて思い付いたか」という経緯です。

気付いたのは一九九七年のことでしたから、いまから一五年前になります。そのころ私は、立教大学の専任教員としては最後の年を迎えていましたが、初めてこのテーマの重要さに気が付いたのです。それは、〝思い付き〟から始まって、〝驚き〟、そして〝気付き〟、この三つにわたるものでした。

まず、〝思い付き〟のいきさつから申しましょう。「大学論を読む」という講義の中で、ふと思い付いたのです。

もともと、立教大学が全学共通カリキュラムを始めた一九九七年の年始頃にさかのぼります。私もそのカリキュラムをつくった責任者でしたから、「一科目ぐらい持たせて」と頼みました。どうぞ、どうぞと言って与えられたのが、「思想の現代的状況」というおそろしく大きい科目群のうちの第四番目のコマだったのです。担当者が決まってなくて、ちょうど空いているというのです。どうぞ、先生のお好きなテーマになさってください、ということでしたから、「わかりました、『大学論を読む』

という題でやります」と言って、受け持ってみたわけです。「総合科目」の一つでした。

ところが、やってみて、あることにはっと気付いたのです。次頁の**表1・1**に、1時間目、2時間目、3時間目とありますが、これは講義のテーマの順番であります。3時間目まではおとなしく進んでいきました。聴講者は四五人いました。そのうちの二〇人は一年生です。あと二五人が二年生から四年生までに散らばっている。人数も適度だし、共通教育の講義にしては非常に小規模でしたから、こちらも安心して話せたのですが、しかし、一般教育と専門教育の関係を話し、高度経済成長と大学の大衆化のことを話し、「大学改革問題」とそれとはどうつながっているかなどと、いわば現代の日本の大学問題をずっと話してきて、ふと思い付いたのです。

「自分は今、大学について話をしている。この学生たちは立教の学生として、ここにいる。私は立教の教授として、この教壇に上がっている。そして出会った。その状況をまったく意識しないで講義をしていて、いいのだろうか。自分がよく知っている大学はこの大学だし、学生たちがいちばん知っている大学も立教に違いない。その大学のことを抜きにして、『日本の大学は……』などという話をずっと続けていっていいのだろうか」。

それで、「来週から僕はシラバスに書いたことは無視します、新しく立てます」と言って、「四週目

表 1.1　思想の現代的状況 4「大学論を読む」講義内容の一部（1997 年夏学期、4 ～ 7 月）

第 1 時間目	序論 ・今、日本の大学はどのような問題に直面しているか ・どのように変革されればよいか ・今年の前半学期のテーマ
第 2 時間目	新制大学論（一） ・現在の大学はどのようにして出来たか ・明治以後日本がつくってきた大学制度 ・現在の大学を生んだ戦後教育改革と大学改革 ・アメリカ対日教育使節団が示した現代大学像
第 3 時間目	新制大学論（二） ・一般教育と専門教育 ・高度経済成長と大学の大衆化 ・第 1 時間目の「改革問題」との関連
第 4 時間目	立教大学を考える（一） ・私（講義者）と立教・立教学院の起こり ・明治、大正、昭和期の立教の発展 ・諸事件とそれに現れた立教の「体質」の特徴 ・他のミッション系私学との比較 ・戦後改革の中での立教学院
第 5 時間目	立教大学を考える（二） ・「大学紛争」と立教大学 ・70 年代以後の立教大学の改革 ・なぜ「全カリ」を始めることになったのか

（資料）『立教学院百二十五年史』上巻、1996 年。

『文学部資料集』文学部教授会、1970 年。

中島誠「着実に歩を進める大学改革」、『朝日ジャーナル』1980 年 5 月 16 日号。
＊その他、同志社、青山学院、明治学院などミッションスクールの沿革史、近代日本教育史関連の法令資料集、研究論文などを参照。一部を配布した。

と五週目はこのテーマでやります」と宣言し、「立教大学を考える」と黒板に書いたのです。

これはまったくの思い付きでした。しかし、二週間やってみると（**表1・1**の第4・5時間目参照）、すごくいろんなことがわかったのです。学生たちは、本当に熱心に聞いてくれる。彼らが寄せてくれたいろいろなレスポンスがありました。

ちょうどここに小さな卓上時計が置いてありますが、学生たちが提出する出席カードというのも、これぐらいの名刺程度の大きさです。裏には何も書かれていなくて、表には全部、科目名称と私の名前と自分の名前と番号などを書くようになっています。ところが提出されたカードの裏をみると、びっしりと感想が書いてあるわけです。あんなことは初めてでした。書けとも言っていないのに、です。

学生たちは、それまでとはまったく違う感想を書いてきました。たとえば、「昔、立教は〝英語の立教〟と言われていた時代があったという話ですが、今の様子をみると、信じられません。これが英語の立教ですか」と書いた学生も、三年生にいました。かと思うと、二年生で、「今日、先生の話を聞いて、明治学院と青山学院と立教の違いが初めてわかりました。学部に帰って、クラスで友人たちに自慢してやりたいぐらいです。私は国際法学科の二年生です」というような反応がどんどん返ってくるのです。

やっていくうちに、反応はだんだん濃くなってきました。たとえば、文学部で後期に総合講義をやったときなどは、三時間かけたのですが、いちばん印象に残っているのは、一人の女子学生からの反応でした。

「私は四年生です。この春、卒業しますけれども、四年間この大学が嫌いで嫌いでたまりませんでした。しかし、先生のお話を聞いて、ものすごく好きになりました。就職も内定して、四月からは働いているでしょうが、卒業間際にこんな体験を与えてくださって、本当に感謝いたします」

そういう反応です。二〇年間大学教員をやっていて、一度も受けたことのない反応でした。そういう反応から〝驚き〟が生まれたのです。

2 「驚き」を経てディスクロージャーへ

驚きの第一は、新入学生はほとんど何も知らないで、ここへ入ってきているということでした。彼らに聞いてみると、上智大学・青山学院大学・立教大学、これを合わせて受けることを東京の一部の予備校で「JARパック」というらしいのですが、その「JARパック」で来ましたという学生が、ほとんどです。それから、男子の半分は早稲田大学に行きたかった子です。「しかし落ちて、ここへ来ました」という子が多いのです。それにしても、約半数ぐらいは仕方なしに、ここに座っている。

つまり、偶然入った大学で偶然寺崎という見も知らぬ教員に出会って、その話を聞いて二単位をもらおうとしている学生たち、そういう偶然の出会いでしかあり得ない出会いの中に彼らはいる。それを四年間繰り返して出ていくのだ、ということがわかってきました。これは非常に大きい驚きでした。大学選択動機の基本的曖昧さです。

二番目の驚きは、心理的な効果の大きさでした。彼らは、私の話を聞いて、表1・1の第4週目・第5週目のような話を聞いて、初めてわかったのです、「自分はどこにいるか」。つまり、居場所をはっきり確認することができた。これでまず彼らは安心したんだと思います。

次の〝気付き〟ですが、学生たちは書いていました。

「明治学院と青山学院と上智と立教は、全部、東京にあるミッション・スクールで、全部キリスト教系だが、その違いなど、考えたこともなかった。みんな、ミッション系、かっこいいという程度のことだった。ところが、入ってみたら、全部、背景になっている教派が違うということを、講義を聞いて、やっとわかった」

「そうか、フランシスコ・ザビエルの話を世界史で聞いたことがあるけれども、ザビエルは考えてみるとイエズス会派遣で来ていたと書いてあった。上智大学はそのイエズス会の努力でできたのですね」

そういうふうにわかっていったわけです。立教は、聖公会という教派がつくったといっても、「聖公会、それは何ですか、キリスト教ですか」と学生たちは聞きたいのです。つまり、何も知らないで入ってきた。そこを埋めてもらったという安心感。この安心感はすごく大きいのだということに、私は驚きました。二重の驚きと思い付き。この授業をやってみて、初めていろんなことがわかってきました。

もうひとつ気付いたのはどういうことかというと、学生たちは、開示(ディスクロージャー)を望んでいる、ということです。これは勇気のいる発見でした。というのは、講義者である私のほうに自信がなかったからです。その当時、私は定年の直前でしたから、大学教員としてのキャリアは相当長いほうでした。その私といえども、やはりためらいました。立教大学の「恥」、これをさらしていいかという問題です。しかし、結果的には話してよかったんだということが、後でわかりました。

さて**表1・2**、これは、もっぱら歴史を中心として自校教育をなさっている東北大学の例であります。歴史を中心に自校教育をなさっています。

いちばん上の欄をみると、「歴史のなかの東北大学」、「東北大学を学ぶ」、その次に「History of Tohoku University」があって、それから最後は、「東北大学のひとびと」。これが、今やっておられる概要です。全体をみると、バラエティを帯びた歴史中心の構成だということにお気付きになるでしょう。これは自校教育の重要な特徴のひとつなのですが、しかし、逆に歴史をきちんと調べれば調べるほど、

「恥ずかしいこと」がいろいろ出てくるわけです。

たとえば、九州大学では医学部の生体解剖事件というのがあって、大変な事件でありました。これまでは沿革史にも、ほとんど書いていない。しかし、最近は書くようになってきました。医学部の、歴史の一コマです。北海道大学でも、アイヌの人たちに対するいろいろな事件が、過去にやはり起きている。東京大学も、たとえば、戦時中に、当時の植民地諸国の文化財をいつの間にかもってきていたという疑いが問われました。立教大学でいちばんすごかったのは、一九七三年から一九七四年に起きた一大セクハラ事件です。これなどは、新聞の社会面を毎日飾るような大事件だったわけです。そういうセクハラ事件を含めて、大学の恥ずべき部分の歴史が、歴史研究をやればやるほど出てきて、「自校史教育の中でそれを全部語っていいか」という問題が出てきます。

私は迷いましたけれども、教えました。はっきりと語りました。特に、戦時下における立教の軍部に対する協力などは、迷ったことのひとつです。すなわち自ら協力してチャペルを軍の物置きとして貸す。こういうことも行ったとか、そんな諸経験も、ちゃんと話しました。また、戦後、占領下になって、総司令部から公職追放令が出される前にいちばん先に戦争協力教員がパージになったのは、立教学院でした。同時に文部省は、全国のミッション・スクールの戦争協力調査を命じられました。戦時下に立教学院の指導者だったメンバーが、総司令部の幕僚の一人になっていたのですが、その人がほかの官公私立学校より一足先に立教学院を懲罰したことになります。そのあとで、教職追放令や公職

"History of Tohoku University"（2011）※以下、原文は英語	東北大学のひとびと（2011～）
ガイダンス	ガイダンス
学都仙台	初代総長・澤柳政太郎と狩野亨吉（中川）
東北帝国大学の誕生	科学者たちの仙台 ―本多光太郎・八木秀次（永田）
門戸開放	文系の学風をつくる ―阿部次郎と小宮豊隆（曽根原）
総合大学への道（1）	チベットから仙台へ ―多田等観と河口慧海（曽根原）
総合大学への道（2）	奥羽史料調査部の人々 ―地域家研究の先駆け（柳原）
学生生活	巨大地主・斎藤善右衛門 ―地域名望家と大学（中川）
附属図書館と書庫見学	木下杢太郎と医学部生（柳原）
留学生と仙台・東北大学	時代を拓く女子学生たち（永田）
戦争と大学	陶晶孫とその時代 ―戦前の留学生たち（永田）
戦後改革と新制東北大学の発足	戦時下の学生たち（安達）
キャンパスの変遷	戦後の医学部群像（曽根原）
フィールドワーク（2）	史料館見学 （永田・曽根原）
大学の理念	試験
試験	

表 1.2　東北大学における自校史関係の授業科目

講義名	歴史のなかの東北大学 (2007 ～ 2010)	東北大学を学ぶ (2010 ～)
1	ガイダンス（大藤修）	ガイダンス
2	片平キャンパスと史料館見学（永田英明・曽根原理）	東北帝大成立「前史」一学都仙台とは
3	大学の歴史（羽田貴史）	東北帝国大学の誕生
4	明治時代の「学都」仙台一東北大学誕生前夜（永田）	門戸開放
5	東北大学の誕生と理念（中川学）	附置研究所の誕生
6	創立期の東北帝国大学と社会（中川）	総合大学へ
7	総合大学としての確立一法文学部設置と図書館（曽根原）	学生生活
8	東北帝国大学の学生生活（柳原敏昭）	留学生と仙台・東北大学 フィールドワーク（1）
9	女子学生の歴史と「門戸開放」（永田）	戦争と大学
10	留学生と東北大学一戦前を中心に（永田）	戦後改革と新制東北大学の発足
11	戦時下の東北大学（安達宏昭）	高度経済成長の東北大学
12	戦後改革と新制東北大学の誕生（羽田）	キャンパスの変遷
13	川内・青葉山キャンパスの誕生と大学改革（羽田）	大学紛争と大学改革
14	東北大学の現在・過去・未来（野家啓一・東北大学理事）	創立百周年と大学の理念
15	試験	試験

1、(　) 内は担当教員名。「歴史のなかの東北大学」の内容は 2010 年度 2 セメスターのもの。

2、「東北大学を学ぶ」の内容は 2012 年度 1 セメスター（中川担当の授業）のもの。

3、“History of Tohoku University” の内容は 2011 年度 2 セメスター（中川担当の授業）のもの。

4　「東北大学のひとびと」の内容は 2011 年度 2 セメスターのもの。

追放令がマッカーサーによって出される、という流れがあったのです。その経過も全部、学生たちに話しました。

先ほどのセクハラ事件。これは、女子大学院生が妊娠し、殺害されたという事件です。しかも、殺したと思われる教員のほうは、二人の娘さんと奥さんとを連れて一家心中をしてしまって、どうしたらいいかわからない。そして最後に、その女性の遺体が出てきたという「猟奇事件」に近い事件でした。それも、私は全部話しました。半数以上が女子学生ですから、話してはいけないかなと思ったけれども、話してみますと、みんな、興味津々という様子で聞き入ってくれました。そしてこういう事件に対して当時の大学はどう対応したかを、きちっと教えることがいかに大事なことかということがわかりました。そこまで伝えますと、学生たちに対して大変よい印象を与えたようです。「じゃあ私は辞めます」という学生は、一人もおりませんでした。学生たちは、恥でも何でも知りたかったのです。それがわかったのが、私にとって大きい気付きでありました。

もうひとつの気付きは、自校教育は、多人数の教員、さらには職員による担当でもよい、ということでした。

実行初年目の最後の感想は、「自校教育というのは、一人でやるのには重すぎる」ということです。何科目か並べるなら別です。しかし、一科目しかないのを一人でやるというのは、ちょっと重すぎましたね。仮に前・後期続きの四単位で一科目をやるんだったら、複数の教員でやるべきだと思いました。その上でさらに職員の方の力が欲しい。たとえば、うちの図書館の特徴はどこにあるか、蔵書の特質は何か、よそと比べてどうか、こういうことをきちんと教えなければいけません。それから、学生たちの読書の閲覧の態度に問題はないかとか、逆に学生のほうから問題はないかとか、こういうことをきちんと話せるのは、教員ではありません。図書館職員の方です。それから、企業からみた本校卒業生への評価、これをいちばん知っているのも、教員ではありません。キャリア担当の職員の方が、いちばんよく注文を聞いているのです。そういう方たちをどんどん入れて自校教育をすべきだと思いました。いかんせん、教員一人が行うコマでは、それはとてもできません。

私はその後、「これは遺言として申し上げます」と言って、定年のときに全カリセンターの機関誌に文章を寄せてきました。「今後、立教の中に、この種の科目を、ぜひ置いてください。学生たちは、必ず聞きます」と。どうしてそういう自信が付いたかというと、私はやってみて、だんだん学生たちの反応が深いものになっていくのを知っていたからです。また、私は授業の最後に、「来年度もこういうテーマについて後輩たちに話をしてほしいと思いますか」と学生たちに聞きました。全員が賛成でした。「ぜひ、やってください」「できれば、科目を必修にしてください」。彼らは、後輩たちが立教について学ぶことをとても望んでおります。

3　安堵する学生たち

私の最後の結論は、彼らは満足したわけではない、ということです。一般に人間が満足するのは、欲しているものを与えられるから満足するのです。ところが、彼らは、自校に関する知識を欲していたわけではありません。むしろ、どうでもよかったのです。JARパックの話ではありませんが、大学だってどこでもよかったのです。四年間過ごせればよかった。ところが、彼らは実は、安堵したのです。満足ではなく、「安堵感」です。どうしてかというと、自分がわかったからです。あるいは、自分の居場所がわかった。この先生はどんな人かというのも、わかってくれた。そういう大きいわかり方が、彼らを安心させたのだと思います。

言い換えると、そういう安心感を三〇〇万人近くいる日本の学生たちが、今、あまり持てていないという問題は実に大きいのです。考えてみると、日本の学生たちはみんな、本質的な意味で不本意入学者なのでした。仕方なしにそれぞれの大学に座っていると言ってもいいのではないでしょうか。

私が思い出したのは東京大学の学生たちでした。毎年三、二〇〇人ぐらいが入ってきます。さぞかし、「よかった、宝くじにあたった」くらいのつもりで入ってきているとお考えかもしれませんが、中に入って接してみると、そんなことはありません。たとえば、私は教育学部におりましたが、東京大学に入って教育学部に進学するのは、昔までは「それはおかしいいんじゃないか」と人から言われるような選択でした。文学部だって、似たようなものです。法学部がいちばんいいかもしれない。けれども、法学部の学生だって、もうちょっと理数科ができたら医学部に行けたと思っているかも知れません。医学部の学生たちは学生たちで、「今、俺は、ここにしかいるところがない」と思っている。「どうして医学部に来たの」「いい医者になろうね」と、医学部の先生が言うと、「べつに」とか答えて、焦らつかせる者がいる。医学部進学者は理Ⅲというコースに入ってきますが、「なぜ理Ⅲをつくったのですか」と、私どもがいたころまで医学部の先生はおっしゃっていました。学生たちも、何のために日本一の難関を突破してここにいるのかわからない。「どうして理Ⅲに入ったの」と聞かれると、「僕に合う偏差値の大学がほかになかったからです」などと平気で答えてしまうのです。名医になろうとか、地域の医療に奉仕しようなどとは思わないというわけです。私は、日本全国の大学は、実は不本意入学者であふれかえっていると思わざるを得ないのです。そこへ安堵感をきちんと与えることができるとすれば、こんなに意義深いことはないと思います。

次に、自校教育をやりますと、いろいろな効用があります。たとえば、初年次学習・大学適応に対する効用です。先ほどの東北大学の例をご覧ください。特に注目されるのは、左から三番目の欄です。「History of Tohoku University」、これは、全部英語で行われているそうであります。留学生の人たちが、ここへ熱心に来て、そして最後は学内見学で先生と一緒に学内を付いてまわる。先生は、それを学生たちに英語で説明していらっしゃるということです。それから、昔の東北大の学生の詰め襟の学生服、あれを留学生たちが着て、朴歯の高い下駄を履き、帽子を被ってとても喜んでいる写真もある。そういうふうに、オン・ザ・スポット教育を英語でやる。これなどは、もし東北大が、あとあと英語圏の学生たちを大勢お入れになるような場合は、すごく役に立つでしょうね。最後は、「東北大学のひとびと」。これは、歴史学で言うと人物研究です。自校教育もこれほど広がってくると、いろいろな学部の先生がおられないとてもできません。リストからも、それぞれの先生方のご専門が違うということがよくわかります。

次の効用は、「大学問題には学生が関心を持つ」ということです。

いろいろな大学の自校教育の中の一時間ぐらいを、私は手伝うことがあります。たとえば、埼玉県に獨協大学があります。この大学がやっておられる「獨協学」というのは、一年生のための選択必修科目のひとつで、毎回二〇〇人ぐらいの学生が履修します。「獨協学」の中で私が受け持ちますのは、「近代日本における私学の展開と、その中における獨協学園の位置」で、半期科目の一時間だけもちます。特別非常勤講師です。そういう講義をやってわかるのは、学生たちは獨協のことも知りたいけれども、しかし、我々の頃と違って、私学問題全般についても知りたいと強く思っているということです。

新聞などでは、私学のサバイバルとか、いつ潰れるかわからないとか、危機とかという言葉がどんどん出てくるけれども、彼らはピンとわかってないわけです。授業料が高いということぐらいはわかるけれども、それ以外のことはわからない。そこをきちんと教えると、非常に安心してくれることがよくわかります。昔、立教の学生に立教を教えて安心されたのとは、ちょっと質の違う安心感を現在の学生たちは得るようであります。「やはり、私学を選んだのは大きな間違いではなかったんだ」ということがわかるだけでもいいことだ、と思われます。要するに、大学問題一般に学生がもつ関心に応えるということも、自校教育の大切な成果なのですね。

桜美林大学で教えたときもまったく同じでした。学生たちは、大学問題に関心をもつようになります。つまり「参加」の意識が育ちます。

四時間ぐらい桜美林の話をして、いちばん最後に「あなたたちに、いまから一時間あげるから、学長に手紙を書いてほしい」。と言いました。相手は一五〇人ぐらいいました。「桜美林についてどう思うか、あるいは、こういうことをしてもらいたい、と注文があったら、何でもいいから書いてくださ い」と。学生たちは本当によく書きましたね。

私がひそかに思っていた心配は事実でした。「学生は学長の顔を知っているだろうか」という心配です。ほとんど知りませんでした。入学式のときに遠くでみただけで、桜美林ぐらいの規模になると、もうわからないのです。ですから、私は秘書室へ行って、いちばん大きい学長の写真を借りてきまして、黒板に貼って、「ほら、この人だよ、入学式のときに話をされたでしょう、僕が責任をもって取り継ぐから、この人に手紙を書いてほしい」と言って、書いてもらったのです。

学生の中には、「どうぞ桜美林は潰れないようにしてください。将来子どもから、『お母さんは、どこの大学を出たの』と言われて、『いや、もう潰れちゃったの』って言いたくないですから」とか、本音を書いてくれた学生もいました。非常に多かったのは、スクールバスの運転時間を一時間延ばしてくれという意見でした。もうひとつは、食堂のレストランの献立。これがひどすぎる、もっと変えてほしいと。私は、そんな意見が出てくるとは夢にも思わなかったので、びっくりしました。昔なら自治会がやったことです。それをいまの学生たちは、そういうチャンスに初めて書きます。結局、参加意識の表明のひとつだと思います。

効用の最後は、アーカイブズ（文書館）の建設、沿革史編纂への刺激になることです。追手門学院も立派なアーカイブズをお持ちです。去年も一昨年も見せていただきました。

アーカイブズを建設することはすごく大事で、特に展示施設をつくるということが大事だと思います。恥ずかしながら、立教は、資料センターこそありますが、来年に向けて展示施設を本格的につくるという計画がやっと動き出したところです（二〇一四年五月に開館しました）。また自校教育を通じて、沿革史編纂の刺激も生まれます。逆に言うと、いい沿革史ができないと、自校教育はできません。根拠ができないからです。

自校教育のいいところは、演説やアピールをするのとは違って、形式が「講義」だという点です。講義・レッスンをする、あるいはレクチャーをやるというこの教授形式には、非常に有利な部分があるのです。どんなことかというと、「講義、レクチャーの内容の選択は教える側の自由に委ねられている」

ということです。すなわち、何が真実であり、何が真実でないか、あるいは、真実と思われる事柄の中から、これは話すのか、話さないのか、この辺の判断を決めるのは講義者自身だということです。これは、ドイツの大学で、徐々に一八〜一九世紀の段階でできてきた「教授の自由」の原則です。それは日本でも今は守られています。ということは、逆に言うと、どんなスキャンダルでも、その講義者が、これは伝えておくべきだ、あるいはこれが本当の実相なんだと思うことがあったら、話していいということなのです。

私は、自校教育は、講義として与えられているこの条件に、きちんと立脚すべきだと思っています。この点が、単なるアジテーションの演説とか、弁論大会の弁論とは違うポイントです。真理と考えた事柄の内容を自主的・主体的に教師が提示できる、そういうチャンスです。それを活用すべきだと思います。すなわち、「教授の自由」をフルに活用することが許される教育活動のひとつだと思っております。

続いて、自校教育と大学改革問題との関係を見ていきたいと思います。

ひとつは、教える者の側が、大学はいったい何に基づいてつくられてきたのかということを、学生とともに考えるチャンスになるということです。その意義は教える者の能力開発（ＦＤ）にもなりますが、大学自体にとっても少なくありません。「おたくの大学の建学の精神は何ですか」「今やろうとおっしゃっている教育改革の趣旨は、建学の精神とどこが関係するのですか」などと、文科省からさえたびたび聞かれる時代です。こうした問いに答えるのは、あるいは答えることができるように用意しておくことは、それとしては大事なのですが、しかし、建学の精神なるものの真相を究めるのは実は大変なのです。あらゆる建学の精神は、歴史的文脈の中からしか生まれてきませんし、歴史の所産であるがゆえに、多くの曖昧さや、ときには誤りも含むのではないかと思っております。そこを解明し分析していくのは大変ですね。自校教育を本気で構成すると、その解明・分析を進めていくことになります。立教の場合、よかったのは、私が恥も外聞も捨てて、すべて話したことです。これは、やってよかったと思います。そうすると、学生たちは初めて、この先生の言っていることは正しいというふうに思ってくれるのです。

他方、学生たちは、大学のいい部分だけをどんどん聞かされると、かえって信じなくなります。

大学教育学会大会で、ある年に、シンポジウムのコメンテーターを頼まれました。ちょうどいい機会でしたので、「学生たちに立教のことを話すというのは、重大な教養教育の一部分だと思う」という話をいたしました。休憩時間になりました。すると、中年すぎの、当時の私よりちょっと年上と思われる先生が寄ってこられて、「先生、さっきのお話はおもしろかった。立教でしたら、おそらく大学の歴史だけでも半年ぐらいはしゃべれるでしょう。でも私は、九州のほうの私学の教授なんですが、うちの大学は二〇年前に土建屋がつくった大学なんです。やっと今、続いています。大学の歴史なんてしゃべったって、せいぜい二時間です。自校教育と言っても何を話したらいいでしょうか」とおっしゃいました。

私は、「先生、私は、そのことをおっしゃるべきだと思う」と言ったんです。「先生のところの大学は、建設会社の人がたまたまつくった。結構です。そういうことを、きちんとおっしゃったらいい。そしてその上で、どうして自分はそういう大学で教えているのかということを、しっかりおっしゃってください。そうすると、学生は信頼します。それから、一〇年、二〇年間の間に、自分のいる間に学生の学力はどう変わっていったか。昔とどう違うか。その中で、自分たち教員や職員は何をしようとしているか。最低、この四つはおっしゃったほうがいい。その上で、ほかの先生の協力も得て、自校教育をなさってください」。

私はもう一つ、言ったのです。「先生、素晴らしい大学と言われている大学が、起こりは何だったと思いますか。アメリカで〝西のハーバード〟と言われているスタンフォード大学がありますよね。あの大学は、西部開拓を推進していった鉄道会社の社長のファミリーすなわちスタンフォード・ファミリーがつくった大学です。ハーバード大学。今は偉そうにしているけれども、四〇〇年前はどうしたかというと、ジョン・ハーバード（John Harvard）という青年のところへ、思いがけない遺産が転がり込んできて、どうやって使ったらいいかわからない。じゃあ、半分を使って、これでハーバードという大学をつくろう。これがジョン・ハーバードのつくった大学、つまりハーバード大学の起こりなのです。そういうふうに、身元を洗っていけば、大学というのは、初めはいかにも偶発的な起こり方をしているのです」と申しました。

もう一つ、話しました。ラテン・アメリカのある国で、今は国立大学ですが、そこができたときに、その大学はヨーロッパ宗主国の政略のもとに、「次につくるのは大学だ、植民地として利権は全部押さえた、あとは大学だ」というのでつくったらしいのですが、なんと、その大学の歴史をみると、開学の前に学位を出しているというのです。開学する前に学位を出すというのは、これは、やはりインチキですよね。でも、堂々とそういうことを、当時はやっているわけです。

つまり言葉を変えて言うと、大学というところは、歴史からみると、決してありがたいだけのところではないと思います。人間の愚行というものを端的に表す場所でもあります。出世や名誉、この二つに結び付いた人間の愚行の象徴でもあるのです。しかし、ではそれだけかというと、そうではない。一方では、どういう人間をつくりたい、どういう学園を建設したいという理念の確認やそれを実現しようという動きも明らかに起きている。いわば、実態に対する反省として、ある理念が生まれる。その理念のことを「建学の精神」と言っているのではないかと思います。そうすると、それは実態の変化に応じて深化・再生し、ときには変わり得るもので、その意味で建学の精神とは不動のものだとは思えないのです。変えられてもいい。そこをわからせられるのは自校教育であります。

次に、高校生たちが大学を調べていないという問題があります。これは、日本の場合は大きい問題です。

4　学生たちは大学を知らない

学生たちは、受験情報誌などを通じて、大学進学や受験についてあふれるような情報を手にしているはずです。けれども、それが今いる大学についての正確な情報を含んでいるかと問うてみると、きわめて怪しいですね。大学生たちは、自分の合格した大学については、実は何も知らないで入ってきていると思ったほうがよい。この点は、アメリカと全く違います。

私の甥は小学校から大学まで全部、アメリカで育ちました。その彼が高二を終わった年の夏休み、すなわち日本でいうと高三の春休みにあたるときに、横浜の我が家にずっと滞在していったのです。そのときに、びっくりしました。彼は大学のことを大変よく知っており、何をやることが自分の今の務めかというのを非常によくわかっていたのです。

彼は四〇日間うちにいたのですが、ただの一冊の参考書も持ってきていませんでした。問題集も持っていません。持っていたのは、全部、普通の教養書でした。あるいは、専門書です。そういうのを読めと言われているのです。どこで言われたかと聞いたら、ハーバードだと答えました。ハーバード大学のアドミッション・オフィスに相談に行ったら、「君は、読書経験が少なすぎます。もうひとつは、ボランティアをやっていませんね」と言われたそうです。「だから、そういうのを、日本でこの夏休みにやりたいんだよ」と言って、チャイルド・キャンプ支援のボランティア活動にも出向いてアメリカへ帰っていきました。結果においてハーバードには通りませんでしたが、ジョンズ・ホプキンズ大学に入って、今はもう四〇代の、建築家になって暮らしております。

その甥の様子をみていて思いました。「日本の高三の子は受験のことしか考えていないのに、この子は自分がどこへ行き何を仕事にしようかがわかっている」と。日本の高校生は、それがわからないのです。私たち大人の責任です。もっと高校生に伝えなければいけないと思います。

私は、東京大学教育学部附属中・高等学校で校長をしていたころに、高校における進路指導の実態をみて思いました。何というもったいないことをしているのかと。というのは、学校の中に先生たちが四〇人いるとして、進路指導の担当という先生は、せいぜい二人なのです。あるいは、一人だったりする。この方が一人で生徒たちの進路指導と進学指導の担当をしておられるわけです。ですから、生徒たちは、自分の頭の中でどの大学を受けるか、どういうことを勉強したいかというときに、その先生にしか相談に行かないのです。

ところが、みてみると、理科は理科で、それぞれ違う大学を出ている先生がおられる。国語科は国語科で、いろんな大学から来ている先生がおられる。その先生たちはみんな、自分の出た大学のことを知っているはずなのです。ところが、生徒たちは、そういうところに相談には行かない。もったいないと思いました。A大学を出た国語科の先生がいたら、A大学の国文学はどこに特徴があったか聞けばいい。B大学の数学科を出た先生には、B大学の数学はほかの大学とどこが違うか尋ねればいい。

本当に、せっかくの宝物を生徒たちはものにしていないと思いましたが、他方で、教員たちの責任もあると思いました。「進路指導は、あの先生の責任だ」と思っていては困るということです。最後に、大学の未来について考えていることをお話ししたいと思います。それは「生涯の『故郷』、いつでも立ち寄る『泉』としての大学」というテーマです。

今、立教では、立教卒業生だけではなくて、一般に大学を出た方を迎えて、「セカンドステージ大学」というコースをやっております。このコースは大変な人気なのです。いろいろな方が、「学位はいらないけど勉強したい、どこに行ったらよいか、立教にはセカンドステージ大学というのがあるそうだ。じゃあ行ってみよう」といって勉強しに来られています。修了証をもらっていかれます。これはもう、大当りした企画の一つです。

それをみておりますと、やはり私たちは大学というものを、二二歳で終わるところと考えてはいけないと、あらためて思わされます。

最後に、次頁のグラフ（図1・1）をご覧ください。これは、もと慶応義塾の塾長だった安西祐一郎氏がつくられたもので、次々に増訂されているものです。貴重な資料だと思います。OECD諸国における「25歳以上の大学入学者の割合」の実態です。いちばん多いのは、アイスランドです。四〇％近くの学生が二五歳以上の入学者です。次には、ニュージーランド、スウェーデン、デンマーク、ハンガリー、フィンランドときて、アメリカがOECDの平均ぐらいですね。それでも二〇％はいます。

図1.1　25歳以上の大学入学者の割合

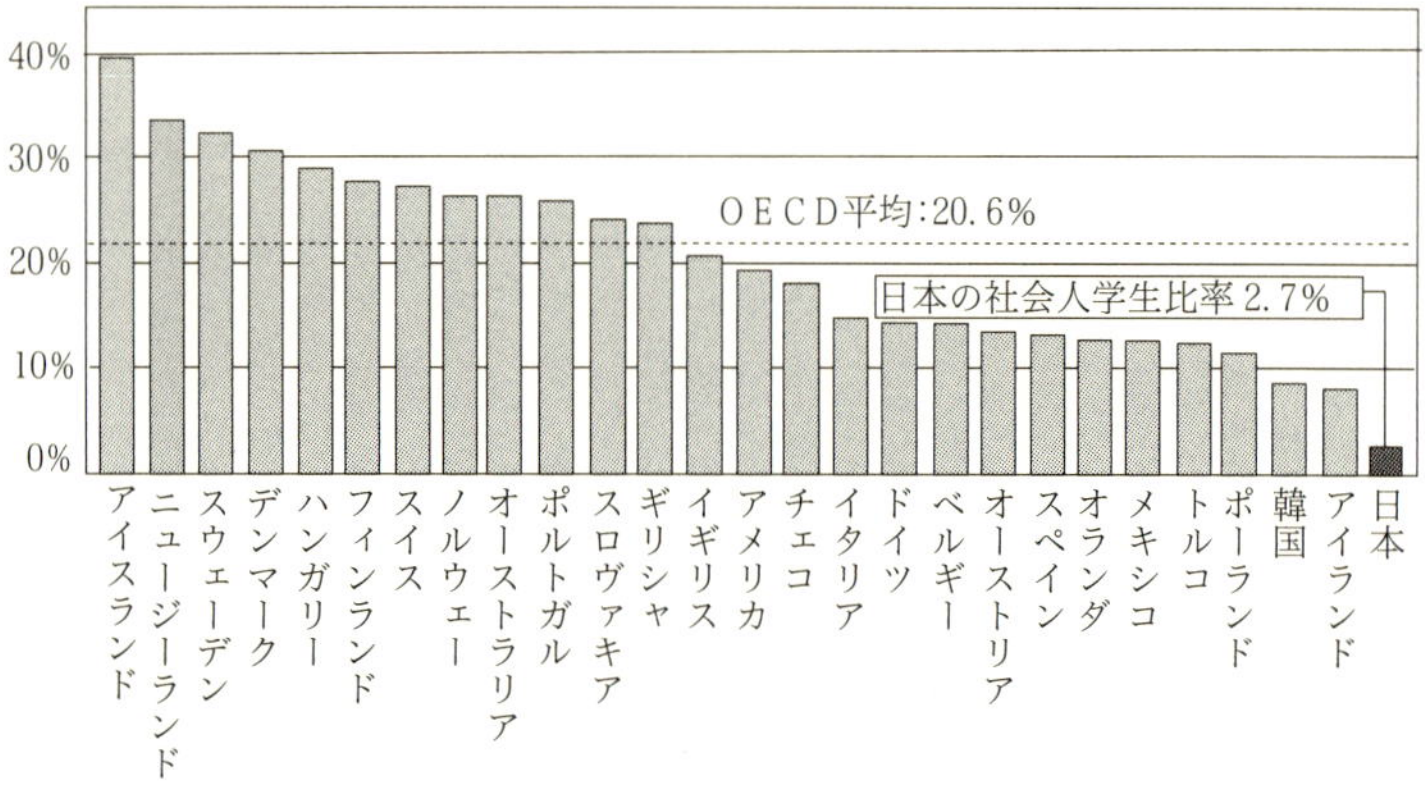

「ＯＥＣＤ教育データベース」(2006年)。ただし、日本の数値については、「学校基本法」および文部科学省調べによる社会人入学生数（安西祐一郎氏作成）。

新入生の五人に一人が二五歳以上であるわけです。そして、我が日本は、哀れなことに、ご覧のとおり、二・五%ぐらいでしょうか。アジアのほかの国の資料も欲しかったのですが、やっと最近、韓国が出てきました。しかし、その韓国ですら、八%から九%ぐらいは二五歳以上の人が入っています。

理由のひとつには、ヨーロッパ系の国では授業料がタダで、いつでも入っていけるということがあるのかもしれない。そういうファクターがいろいろあるかもしれないけれども、日本のこの少なさは、やはり、特別な事情があると思わざるを得ません。日本には、勉強は二二歳で終わるというカルチャー、そういう教育文化がある。これが、江戸時代から続いてきていると言ってもいい。そういう教育文化との関係も根底にあるかも知れません。また企業の新卒一斉採用制度も大きい原因かも知れません。でもこのグラフの示す惨状は、何とかして打破すべきなのです。

しかしそれだけでなく、よその国がもっている制度、たとえば、パートタイム学生とフルタイム学生をきちんと制度化して、パートタイムの学生も、フルタイムと同じような扱い方をきちんとする、「科目等履修生」などと半端者のような扱い方をしてはいけない、というような制度上の改革も必要でしょう。それから、もちろん、授業料を安くしていく必要も大いにあると思います。

私は、この表は日本の大学の異常さを表していると思います。一年生の教室に入ると、ほぼ全員が一八歳から、やっと二〇歳ぐらいの若者たちだけだという風景は、実は異常な景色なのだと思う必要があると思います。

今後、少子化のもとで大学のサバイバルはいよいよ大変になってくると思いますけれども、そういうときに、卒業生が、「あの『泉』に行ってもう一杯水を飲んでみよう」と思うか、「あの『故郷』へ行こう」と思うか、思ってくれないか。この辺が非常に大きいことで、自校教育を通じて現役学生たちに帰属感を育成しておくことは、そういう役割も担っているのではないでしょうか。

時間をちょっとオーバーいたしましたけれども、私の話を終わりにしたいと思います。ご清聴ありがとうございました。

（寺﨑昌男／梅村修監修『追手門学院の自校教育』第Ⅰ部、二〇一四年、追手門学院大学出版会刊）

3章 世界の大学アーカイブズ—大学史料の価値と公開

大阪大学に「アーカイブズ」が設置されたのは二〇一三年の秋だった。二〇一四年四月から東京大学にも大学文書館が発足した。残ったのが名古屋大学だったが、その文書室も「国立公文書館等」(後述)の一つに位置づけられることになった。この普及状態を、三〇年前に誰が予想しただろうか。

大阪大学アーカイブズが新発足なのに対し、東京大学のそれは既設の東京大学史史料室を発展的に改組・改称したものである。史料室は一九八七年に発足していた。着実に活動してきたものの、制度上は中途半端な施設だったが、今後は独立したアーカイブズとして堂々と正面に据えられる。在職時代に「史料館」の開設を訴え続けた旧教員の一人として、この上ない朗報である。

そもそも大学に沿革史の資料を保存しておく必要があるのか。

あのころ、大学関係者は史料の意義にも施設の重要さにも気づかなかった。一九七〇年代から八〇年代にかけて『東京大学百年史』の資料収集と執筆に四苦八苦していた著者たちも、大学アーカイブズというものに関する知識は皆無に近かった。

外国の例についてはなんとなく分かった気でいた。「大学アーカイブズを使った」という話を幾度も聞いたからである。ある英文学の教授は「自分の研究はイギリスの大学アーカイブズで作家誰々の手稿に接したところから始まった」と講義し、戦後教育改革研究のリーダーだった海後宗臣《かいごときおみ》教授は、スタンフォード大学フーバー・ライブラリーの中のアーカイブズで占領下の米側文書を見てきたと報告した。日本近代史の論文には、伊藤博文書簡がウィーン大学アーカイブズに保存されているなどと書かれている。情報にはこと欠かない。なのに、さて実態はとなるとよく分からない。イメージが浮かばなかった。

当時、大学が自校史料の保存活動をしていた例は、きわめて少なかった。「記念館」のある東北大学、福沢諭吉研究センターのある慶應義塾大学、社史編集所を持つ同志社、文書センターがあると聞く早稲田大学など、数えるほどだった。

しかし、「百年史」の編集作業の間に、事情は次第に分かってきた。まず、教育史をやる仲間たちの間に、アメリカでの出張旅行のときアーカイブズを利用する人が増えてきた。「われわれがこれほどアメリカの大学アーカイブズの世話になっているのに、東京大学がアーカイブズを持っていないとは犯罪的です」などと過激な批判を寄せてきた友人もいた。また百年史編集委員の一人、渡辺正雄名誉教授(科学史)から、科学者の経歴調査の際、いかにアメリカの大学アーカイブズが役に立ったかという話を聞かせてもらった。

そのようなヒアリングのきっかけは、編集室が綜合研究資料館と行った「東京大学関係諸資料の保存と利用に関する予備的研究」(一九八一―八二年)という共同調査である。第二代編集委員長だった土田直鎮《なおしげ》教授のイニシャティブで行われたこの調査では、学内に現存する学術資料を調べ上げると同時に、文書資料の保存状態を確かめ、さらに外国史の専門研究者から話を聞いた。アメリカについては前記の渡辺氏やアメリカ大学政策史調査をやった田中征男氏、ヨーロッパ全般については横尾壮英《たけひで》氏(中世ヨーロッパ大学史)、彌永史郎氏(ポルトガル史)、別府昭郎氏(ドイツ大学史)、また来日中のフランスの大学のアーカイブズ関係者からも情報を得ることができた。

「耳学問」は馬鹿にならない。詳細な話を聞くたびに世界は広がっていった。並行して三八カ国約五〇〇大学にアンケート調査を行い、うち八一の大学からは詳細な回答と関連資料が送られてきた。編集室にうずたかく積まれてゆく手紙や資料を見るたびに、「世界の大学人の大変なエネルギーがアーカイブズを支えているのだ」と痛感した。

分かってきたことの第一は、「大学アーカイブズ」とは大学にある文書の保存・整理・活用を目的とする施設であるとともに、そこに保存される文書資料そのものでもあることである。つまり両義性を持つ言葉なのだ。

第二に、その起源は古く、ヨーロッパでは中世期から大学の中にあったらしい。背景には、①学位授与権の根拠を示す教皇勅許状や教皇の支配を抑制しうる領邦君主の文書等を保存する必要、②「都市の法」に対する「大学の法」の根拠を示す文書を保存しておく必要、③教会・諸侯から寄進された土地や大学財産を確認し保存するための記録保全の必要性、などがあった。やや遅れて一六世紀にアーカイブズ的な機関が発生したポルトガルでも事情は似通っていた（横尾・彌永氏の報告）。要するに、大学アーカイブズというものの発生には高邁な学術的理由だけがあったのではない。資産トラブルに備えて「証文」の保存庫をしっかり作っておく、という大変リアルな必要性があったのである。

調査の最中に分かった第三のことがある。アメリカにはアーキビストの協会がある、ということである。全米アーキビスト協会（ＳＡＡ、Society of the American Archivist）と称し、年次大会が開かれる。「出てみたらどうですか」と百年史編集室の若いメンバーに勧められ、思い切って出ることにした。日本学術会議からも国際会議派遣支援を受けられることになった。大会はミネソタ州ミネアポリス市に約八〇〇人が集まり、ホテルを借り切って五日間ほど開かれた。その様子は他の機会に書いたのでここでは省く。行ってみて初めてよく分かったことを記しておこう。

第一に、カレッジ・アンド・ユニバーシティー・アーキビストと呼ばれる人たちは、かなり結束が堅く、発言権を持っているようだった。彼らが開くセッションに出ると、初めから仲間として扱ってくれ、「the University of Tokyoから来ました。ぜひアーカイブズを作りたいと努力しています」といった挨拶をすると、大きな拍手で迎えてくれた。アーカイブズには実にたくさんの種類があって、ビジネス（企業）・アーカイブズ、コート（裁判所）・アーカイブズなどをはじめ、チャーチ、スクール、バンク、ホスピタル等々、各種の機関に置かれていて、大学アーカイブズもその一つであることがよく分かった。

第二に、アメリカにおける大学アーカイブズは、ヨーロッパの遺産の上にアメリカで新しいミッションを加える、というかたちで発展してきた。遺産とは「マヌスクリプト（草稿）保存」の伝統である。他方、新しいミッションは「地域への大学の貢献」である。現在の大学アーカイブズはこの両者を継承し、さらに広報するという最新の使命を帯びている。「マヌスクリプト保存」の背景に、新大陸アメリカでも、ヨーロッパと同じく「証書保存」の必要性があったことは言うまでもない。やがて収集物は個人間の証書、書簡、日記等や作家の原稿などに広がって行ったが、同時に「地域への奉仕」という新ミッションが加わって行ったのだ。

話を聞き、一、二校ながらジュニアカレッジ、コミュニティーカレッジを訪ねてみると、どこもほんの小さなスペースを使ってアーカイブズを持ち、展示コーナーを開いている。主題は、例えばカリフォルニアならば「我が校はこのベイ・エリア（カリフォルニア湾沿岸地域）のニーズにいかに応え、いかに貢献してきたか」といったものだった。助手か講師の若い人が一心に説明してくれる。「これでは、どの大学も『アーカイブズを置かねば』と思うはずだ」と納得した。東京大学で調査していたころ、アメリカの大学アーカイブズ設置率は九四％と伝えられていて、実は「ほんとかなあ」と首をかしげていたのだった。

第三は、単純なことである。大学アーカイブズにはそれぞれ特徴があってよい。名門ウエルズリー大学では大学関係者個人の寄贈文書を大切にしていた。元学長の一人は、戦後来日した教育使節団の団員だったのだが、彼女が寄贈した文書の中の電話のメモ用紙から、同使節団が、東京で、いつ、いかなる日米メンバーとともに報告書の準備会議を開いたかが、詳細に分かった。それは戦後大学改革に関する重要な情報であった。

私立ミネソタ大学では、教学関係の文書の保存と整理が丁寧に行われていた。ためしにと思って「一九三〇年頃のどこかの学部の資料が残っていますか」と聞いてみた。待つ間もなく差し出されたのは、一九三〇年の生物学部の教務書類で、時間割・履修要項など日本の大学ならすぐ捨てられてしまいそうな一山の文書だった。他方、「大学の管理機関の活動を示す文書を中心に保存しています」と研究図書館の地下に案内されたのはシカゴ大学である。理事会その他の会議記録や関連書類が保存されている。広い収蔵庫で試みに頼んでみたのは、高名な教育哲学者ジョン・デューイが理事会宛てに出したに違いない「教育の実験的研究のために付属小学校を作りたい」という要望書であった。アメリカ史を専攻しているという若いアーキビストは、さっとその原本を取り出してくれた。まさにアメリカ新教育の出発を告げる原資料が、瞬時のうちに提供されたのである。

あのころから三〇年、冒頭に書いたように日本にも大学アーカイブズの黎明期がやってきた。今後もいろいろな文書館やアーカイブズが顔を見せることとだろう。

学んできたことを踏まえて、希望を記しておこう。

まず、大学の文書館やアーカイブズは、多様な形態・特徴を持つことが望ましい。これから広がるであろう旧帝大以外の国立大学や、大小の公立・私立大学のことを思うと、多様性は特に大切だと思われる。西山伸氏（京都大学文書館教授）の談によれば、イギリスのグラスゴー大学から来日して講演したアーキビストの一人は、「大学アーカイブズのあり方をあまりおごそかに考えないで下さい」と語っていたという。日本の文書館関係者が大変「まじめ」なので、思わず漏らした忠告だったらしい。異なる背景のもとに、いろいろな重点課題を持って普及してきたのがこの施設だったのだ。

大学アーカイブズは、「行政機関の保有する情報の公開に関する法律」（情報公開法、二〇〇一年施行）で発展の最初のきっかけを与えられたのち、国立大学法人化で弾みがつき、次いで「公文書等の管理に関する法律」（公文書管理法、二〇一一年施行）で法的な基礎を与えられた。こうした基幹的な法律の脇では「行政文書ガイドライン」「法人文書管理規則」等の法制的な整備が進んだ。国公立大学や独立行政法人のアーカイブズが法的基礎を得るためには、公文書管理法によってその機関が「国立公文書館等」というものに適合することが求められる。しかし、もしそれらの法や規則が杓子定規に適用されることになるならば、また大学が「適合」を急いだりすれば、国公立大学アーカイブズから画一化が始まり私学にも及ぶ。そのようなことが起きないように祈りたい。

最後に、大学アーカイブズはいったい何を集めるのかを考えてみたい。

かつてわたくしは、「⑴大学運営の歴史を示す公的文書、簿冊、事務記録、その他の文書、⑵大学諸機関の議事録、意見書、答申、報告書等、⑶大学の刊行する年報、要覧、雑誌、新聞、報告書等、⑷大学卒業生の卒業証書、アルバム、講義ノート、伝記、書簡等（以下略）」を集める、と記した。これに対しては「学生団体、同窓会、校友会などの作成文書が欠落している」という批評もあるから再考したいが、それよりなお重要な論点が漏れている。「大学アーカイブズが持っている、他類型のアーカイブズと異なる特質はどこに反映されるか」という問題である。

菅真城《かんまさき》氏（大阪大学文書館准教授）は指摘する。大学アーカイブズが事務文書以外に集めるべきものがあるとすれば、それは「教育研究に関する文書」であり、アーカイブズ当事者がそれを意識することが不可欠ではないかと（『大学アーカイブズの世界』大阪大学出版会、二〇一三年）。重要な指摘である。まさにこの性格を持つ文書を集めることによって、大学が発生以来その社会に果たしてきた貢献や役割を示すことができる。日本で言えば、明治期以来、大学は何を研究し、どこにどのような人材を供給してきたか、またどの国からどのような研究教育システムを導入してきたかを明らかにすることができる。すなわち学問史、高等教育学歴保持者の学習史や研究史、大学制度形成史等を証明することができる。

研究者はもちろんマスコミ・テレビ等を含むアーカイブズ利用者の側から言えば、たとえば某学者は、何年から何年までこの大学で勉学や研究を続けたか、また誰々は学生や大学院生としていつ在学し、どのような報告や論文を書いたか等を知りうる宝庫になるだろう。学者に限らない。広く卒業生全般にとってこのような調査の必要が頻繁に起こる。実際にアーカイブズを開いた大学には、そのような「人事がらみ」の照会が、間断なく寄せられるのである。大学自体への広報効果も無視できないほど大きい。

一方、私立大学の場合は、「建学の精神」の解明にとってアーカイブズは必置不可欠の施設である。そのことは、当該大学の構成員のアイデンティティーの基礎を固めるのに欠かせないと同時に、官庁向けのさまざまな教育改革報告や財政補助申請等の際にも限りなく有効な支えとなる。また大学が校地を置く地域の歴史にとって、大学所有の映像・写真資料が思いがけず役に立つことも少なくない。

ところが、大学アーカイブズ側が不用意に「そうした資料の収集を落ちなく担当します」と言ったら、大変な人手と財務負担がのしかかる。国公立はもちろん、人件費負担に苦しんでいる私学にとってもほとんど耐え難い負担になろう。「大学にある」という特質を抜きにしては、大学アーカイブズの存在理由は危うい。それだけに、教育研究史料の収集・整理という重要な作業の内容と受け皿をどう設定するかは、大学本体の条件整備問題と併せて、今後各大学で論議していくべきテーマになるだろう。

また必要なのは単なる「マンパワー」だけではない。高度な学術的判断を担い得る専門人材の養成も重要な課題になる。どの課題も日本ではまだ不十分ないし未定着のものである。大学アーカイブスは、普及後の課題を大きく抱えている。

（岩波講座日本歴史「月報」11「大学アーカイブズ断想」を補訂。原文は二〇一四年一〇月刊行）

第Ⅲ部　学士課程教育・大学院の指導

1章　日本教育史の授業とその工夫―東京大学の授業を回顧する

はじめに

ＦＤやＳＤのことに様々な機会に触れながら、自分の授業実践について何も語らないのはいかにも「不届き」なことです。著者は一九七〇年代の初めから二〇〇〇年代の初めまで三〇年以上にわたって「日本教育史の教授」を看板にしてきました。この章では、その教授活動について述べた二つの論考を融合して掲載し、責めに応えたいと思います。

第1節のもとにしたのは、朝日新聞社刊のテキストシリーズ「アエラ・ムック」中の『新版　教育学がわかる。』(二〇〇三年発行)に寄稿した短文の一部です。まず著者の近代教育史内容構成観を記してみようと思います。

第2節は東京大学教育学部勤務時代（一九七九〜九二年）に工夫した専門教授法の一端です。当時、著者は同大学教育学部教育学科教育哲学・教育史コースというコースの教員の一人で、学部の三、四年生向けの講義と大学院学生のゼミ並びに研究指導を行うことが職務でした。上記のコースの後身に当たる大学院教育学研究科基礎教育学研究室が再創刊した「研究室紀要」（第四〇号、二〇一四年七月刊）に、近年になって寄稿を求められて書いた論考を改訂増補したものです。

両者とも、もとの文章には大幅に手を入れましたが、基本構成は変えていません。

1　内容構成に当たって留意したこと

これまで立教大学、国際基督教大学、大阪大学、東京大学、広島大学、日本女子大学、東洋英和女子大学、九州大学などで『日本教育史』を教えてきました。その中で特に専任として長期にわたって講義したのは東京大学（約一四年間）と立教大学（約六年間）でした。ここでは最も長かった東京大学に絞って記してみます。

教育学部で「日本教育史概説」という科目（当初は通年四単位、途中から二単位・二単位に分けたのですが、続けて通年で聴講してもよいことになっていました）を一貫して開講しました。著者の属した教育哲学・教育史コースの学生には必修でしたが、その他の学科やコースの学生には選択必修科目の一つになっていました。

学部の中では大規模講義の一つでしたが、それでも聴講生は多い年で七〇名程度、少ない年は四〇名くらいだったでしょうか。一〇年間ほど隔年で非常勤の集中講義に呼ばれた広島大学学校教育学部が一五〇人から二五〇人ほどの規模だったのに比べると、問題にならない人数でした。しかしそれだけに学生諸君の反応はよく分かりました。一言で言えば、いつも極めて積極的な感想を寄せてくれました。「深刻だなあと思ってきた教育問題が、実は歴史に根ざしていることがよく分かりました」「きちんと歴史を知らなければ教育問題の解決は見えないことが、納得できました」。こういう感想が続々と寄せられました。

例えば皆が苦しめられてきた「試験」について「明治以後どの学校で始まったと思う?」と聞くと、たいてい「大学じゃないですか」と答えます。

こちらは、「いや、一八七二(明治五)年から全国の小学校でまず普及させられ、それが明治三〇年代に入ってだんだん上級学校選抜試験というものに収斂して行ったのです。文明開化の時期、身分や家柄でなく知力というもので人間を測る、という新しい原理を日本は受け入れ、準義務制だった小学校を通じて先ず全国に普及させたことになります。まことに『先見の明』に満ちた、上からの変革でした。しかしその原理は、導入後に何を生み出したでしょうか」というように話を進めて行きました。

こういう流れで現代の教育問題の根源を探っていくのが、著者の狙いだったのです。「試験」から出発して「学校序列」「進学競争」「学歴主義」「近代化と学校機能」というようにさまざまなテーマに発展させて行きました。

教育という現象、それが生み出す問題と改革への模索、教育を取り巻く国家や制度や文化などは、今突然ここに生まれたものではありません。毎日のようにマスコミが伝える教育問題もまた同じです。日本の教育の含む問題と負わされている課題とを、歴史の相のもとに深く理解し、同時に未来を考えることができるようになる。これが日本教育史学習の目標であり、また魅力でもあることをわかってもらいたい。このように考えて内容を構成していました。といっても古代や中世の教育史は手に負えませんから講師の方々に委ね、専ら幕末から第二次世界大戦後までの教育の歩みを構成したのです。

著者がこのような内容構成を取った根本には、近代の日本人が教育や学習に関して負っている問題に対する関心があったからです。すなわち「近代の日本ではなぜ『学ぶこと』と『生きること』とが乖離してしまったのか」という疑問です。

国際的にも認められている通り、日本人は勤勉で教育熱心な風土を作り、学習にも励んできました。多くの学校や大学を作り、受験・進学にも国民挙げて骨身を惜しみませんでした。しかしそれが「生きる力」「自己を実現したという喜び」につながらない。学べば学ぶほど、そうした意欲がそぎ落とされて行くように思われるのはなぜか。勉強し、高度な知識を獲得し、知性を磨いたように見える人が、実は自分の生と存在に自信を持てない。多少気取って言えば、「近代日本における『知』と『人間』の形成史―その光と影を解明する」というのが、著者の日本教育史に関する基本テーマだと言ってよいかもしれません。

著者はこうした関心に立ってあらゆる学校レベルの教育問題に関心を持ってきましたが、この四〇年間専攻してきたのは、大学・高等教育の歴史でした。

大学数は二〇一五年の現在、短期大学を含めて約一、一四〇校を越えます。高等専門学校等の高等教育機関全体を加えると、総計三〇五万人の若者が、いわゆる「高等教育」を受けています。

明治初期には「高等ナル教育」を受けることのできるのは一握りの男子青年に限られていました。それが一五〇年余の間に男女青年の五割を受け入れるシステムに代わってきました。何が起きたのか。

また大学だけを取れば、自校の歴史を顧みる作業（沿革史編纂事業）や活動の記録文書を保管し公開する作業（アーカイブズ創立作業）も大いに進んできました。要するに若い世代の人々が勉強や学問にはげむための施設やシステムは、大いに発展してきたのです。

ところがそれを基盤に生み出されるべき「生きているという事実への価値意識」や「自ら学び続けたいという意欲」は一向に育ちません。子どもたちは、小学校や中・高校で学んでいることが自分の生きることに役立つとさえ思っていない。ましてや「学ぶことは楽しいことだ」という意識は、少なくとも他の諸国の子どもたちと比べて比較にならないほど低い、という事実はあらゆる国際調査で明らかになっています。そのような状況を生み出した原因と政治的・経済的・社会的な構造とを一貫して講じ、今後の改革課題を指摘する、というのが、毎年の「日本教育史概説」でした。

上記のような内容構成は、幸い、「競争としての学び」の一応の勝者でありながらも内面に葛藤を抱えている学生たちにはピンと来るものがあるらしく、特に東京大学では卒業生の中から大学院に進学して教育史を志望する者も増えて来る、といった副次的な効果もありました。

しかし他方、一四年間の経験から、内容構成に関してもう一つの重要な心得があることがわかってきました。それは、当専門領域に関して、先ず講義者が持っている大きな「仮説」を示しそれを「検証する」という作業を、講義の中で貫くことです。

「仮説」は「疑問」の形で示す方が、学生諸君には分かり易いかもしれません。日本教育史の例を繰り返せば「学ぶことは生きることに連なっていないのではないか」あるいは「学べば学ぶほど生きるという課題から外れるという構造が日本社会の中に出来ているのではないか、それはなぜか」といった問いに纏めることができます。その問いをいろいろなニュアンスで問い返しながら、一年間講義して行きました。

かつて古典的な大学教育論のなかで言われていたテーゼの一つに「大学教育とは学生の前で学問をして見せることだ」というのがありました。しかし大学が「大衆化」の極限に達した今では「そんなことで学生に通じるものか」「それではもともと授業が成り立ちはしない」というように批判され、「教壇上を往復しながら哲学してみせる教授」などはパロディーにも出てこない教授像のように思われています。しかし、上記のような内容構成や教授プロセスを採れば、それは教授と学生達とが、内面において「学問」を共有している場面が実は生まれ、学生達は共感を持って聞いてくれます。そのプロセスが実現するのは、東京大学や他の「難関大学」だけでなく、授業に集中できる環境を作りさえすれば、どこの大学でも起こりうることなのだと、経験からいうことができます。

新設間もない女子大学で非常勤講師として「教養と大学」という大規模総合講義の二コマを受け持ったとき、「そもそも教養とは何だろうか」「それを考えることは意味があるのか」を、学生たちに発言を求めながら考え合って行くところから講義を始めました。学生諸君は思いもかけない深い感動を示してくれました。学長室に受講生の一人が訪ねて行って、「ああいう講義を全学でやってほしい」と訴え、学長を驚かせたと聞きました。

授業の前提そのものをともに問うところから知的作業を始める、という経験は、学生諸君にとって高校時代以来出会ったことのない新鮮な体験だったと思われます。

2　「教える技法」について学んだこと

1で述べた内容構成への気づきに立つにしても、一時限ごとの授業を組み立てるコツは何だろうかと考えるようになりました。次の二つの心得に纏めることができるように思います。

①講義では一時限ごとの「テーマ」を明示する必要がある。そのテーマに向かって構造的に展開されるのが「講義」である。すなわち第一に求められる要件は「構造性」であって、「情報性」や「論理性」は第二、第三の要件である。

②大学院ゼミは科研費の連絡会ではなく、英米風に言えばグラジュエート・スクールに置かれた「クラス」の一つであり、「コース・ワーク」の場である。そこで重視されるべきは、担当教員の研究テーマや関心ではなく、学科・コースの院生が共通に関心を持つことのできるテーマを設定することであり、併せて、参加者に研究技法やプレゼンテーションの技法等の「しつけ」が行われることである。

先にも触れましたように、一九七九年に東京大学の専任となってから約一四年間の研究活動や『東京大学百年史』編纂の思い出については退職時に書かせてもらいましたから繰り返しません（寺﨑「東京大学における13年半を顧る」『東京大学教育哲学教育史研究室紀要』第18号、一九九二年六月）。改めて書いてみたいのは、現在の大学院生諸氏に少しでも役に立つ話題です。思いついたのが東京大学のころに手探りしていた大学の教授法の工夫でした。先きに書いた①②は、あのころ学ばされた二つのヒントです。

初めに東京大学という教育環境について記しておきましょう。少なくともティーチングの面では、最高の環境でした。「授業が楽だった」という意味ではありません。授業準備には大変な負担と時間がかかりました。しかし学生諸君は、講義を通じてなるべく多くの知識・情報を得たいと思っていました。

ちなみに、赴任した一九七九年には、東京大学の授業時間は本郷にある専門学部全てにおいて一時間半ではなく二時間でした。現在の大学の授業時間は周知のように一時間半、九〇分です。戦後大学改革が行われたとき以来そうなっています。ところが東京大学の専門学部だけが旧制時代以来の二時間すなわち一二〇分(うち休憩時間が一〇分)を続けていたのです。

なぜか。調べてみると、「一時間半では教えるべきことが教えきれない」という、主として文科系専門学部(法・経・文の各学部)の意向によるものだったようです。この「遺制継承」は、著者が勤めていた八〇年代半ばに撤廃されて、他大学同様に九〇分となったのですが、少なくとも八〇年代初めまでは二時間でした。前任の立教大学は一時間半でしたから、三〇分増えたことになります。そのことだけでも準備が楽であるはずはありませんでした。

大学教育史の余談に入りましたが、本題に戻ると、準備を果たしさえすればこれほど授業のしやすい大学はありません。駒場では、教育学部から持ち出して四五〇人規模の「教育原理」(当時の教職科目の一つ)を開いていて、それを分担して受け持ったこともあるのですが、その時間も含めて、私語などほとんどありませんでした。中身のある授業をしさえすれば、何百人いようが、皆熱心に聴いてくれます。これほど「教えやすい大学」はありませんでした。

ただし東京大学における教師の「恵まれぶり」は、逆に教師の側の授業技術開発を怠らせる原因になっているのではないでしょうか。著者は、赴任の数年後になって、「自分は『わかってもらう』ための努力が実は足りないのではないか」と気付きました。集中して聞いてくれる学生諸君の雰囲気や教室の静けさに甘えて、いつの間にか、繰り返しの多い内容を退屈に語っているのではないか、と思うようになったのです。

先に書きましたように、学部段階で毎年続けて受け持ったのは、「日本教育史概説」（前・後学期、各二単位）で、最初の数年間開いたのが、教育史演習のゼミでした。

そのゼミについては特に言うことはありません。半年間の二単位ゼミでしたが「国家と教育政策／指導的政治家を軸に」「私学・私塾研究」「戦時下の教育」「大学論を読む」「教育勅語研究」「教育人物研究」「学校創りのロゴスとパトス」などの題目を掲げて、教員からの問題提起→参加者のテーマ選択→分担確認と文献指導→ローテーションで報告→討論というごく普通の順序で運びました。参加者の大部分は教育哲学・教育史コースの諸君でしたから、ゼミで選んだテーマを卒論のテーマに発展させる参加者も何人もいて、その成長を見るのは嬉しかったものです。ゼミのテーマを選ぶのは、教員の専権に属することですが、だからと言って参加者たちは萎縮することもなく、極めてのびのびとして積極的で、時には深刻な討論が湧いて来たりして、ドラマチックな展開も見せてくれました（「大学論」や「学校創り…」を取り上げた年など）。

これに比べ、「日本教育史概説」の方は苦労しました。本節冒頭の①は、苦労を経て得た教訓です。初めは、講義のプロットを立て、なるべく多くの資料を用意し、二時間（実際には一時間五〇分）の間、「飛躍や隙間がないようにと準備しました。しかも「日本教育史概説」は中高教員免許状取得のための教職科目の一つでしたから、全学のどの学部の学生も登録していました。そういう学生たちも飽きさせないようにしたいと思っていました。

だが心配は無用、学生諸君は実によく聞いてくれました。先にも触れましたように時代範囲は近世以降に限らざるを得ませんでしたが、資料はいくらでも考えられます。加えて多い年でも六、七〇人程度の人数ですから、教材は全員に用意できました。数年経つうちに、だんだんと形が整ってきました。

ところが、先述のように一人舞台の教壇で快く語っているうちに、疑問が湧いてきました。「静かに聞いてくれているけれど、はたして本当に言葉は届いているのか」。

もともと「概論」とは、テーマを軸とする講義ではありません。広いパースペクティブで展望する一三〜一四回程度の「ストーリー」すなわち「物語」です。だからこそ、一貫したテーマを設定しなければ、輪郭の明確な講義をすることはできません。しかも一年を通して戦後教育改革までは到達したいと思っていましたから、単なる概説書風の構成ではメリハリをつけることはできません。そこでいくつかのことに着手してみたのです。

第一に、講義全体を通じるテーマを通すことでした。自分の問題関心を整理してみると、まず浮かんだのは、「教育政策とシステム創設に関する史的変遷」に関する関心でした。そしてその底にあったのが、先述のように「近世・近現代の教育営為の中で、『学ぶこと』と『生きること』はどのような関係にあったか」という問題への関心だったのです。

前者の政策やシステム問題については、学生諸君は、教育社会学科や教育行政学科の授業でも聴くことができるだろう、しかし後者こそ教育哲学・教育史コース提供のこの概説で語るべきテーマではないだろうか。

そのように考えて、授業の手立てを組み立ててみました。

①毎時限用意する資料は一本に限る(やむを得ない場合も二本まで)。
②講義の前半は序論から始めるが、本論は、次第にその資料が語る内容に向かって集中するように組み立てる。
③資料のところにまで来た時点で、資料の解読と説明、史的位置づけを詳述し、その資料がいかなるメッセージを発しているかを味読熟考できるようにする。
④その後の時間は、資料の語る時期以降の教育一般の史的展開に戻り、それが次の時限で扱うテーマとどのように連なるかを示唆して、終わる。

すなわち、話はすべて中心資料に向けていったん集中し、そこで深まったあと、次の展開に向けて広がってゆく、という構造になるように構成してみたのです。

この方針を取るようになってから改めて思い知ったのが、中心資料の重要さでした。考えてみれば、それまで用意していたおびただしい資料は、いわばイラストのようなものでした。小中学校の教科書によくある、本文を敷衍したり視覚に訴えたりする「補助教材」に過ぎなかったのです。しかし上に記した構成にすると、資料は講義の中心的な位置を占めるものになります。特殊的であると同時に多面的でなければならず、講義のテーマに即しつつしかもそれを深めていくような内容を持っていなければならない、という、選択にひと苦労する素材になりました。

私はこの方式を心中ひそかに「一時限一資料主義」と名付けていましたが、この構成を取るようになってから、明らかに授業が(自分にとっても)面白くなってきました。史料選びは大変難しくなりましたが、選び出すプロセス自体はそれまでのように間に合わせ仕事や苦行ではなく、楽しい知的作業へと変わり、「文章の脇に貼り付けるものを適当に探す」といったことではなくなったのです。

併せていくつかの工夫もしました。

まず、資料を自分が読み上げるのではなく出席者に読んでもらうことにしました。外国語のテキストならともかく、日本文を音読することは、高校以来やったことがない学生諸君も多く、間違いを恐れて照れる人もいました。しかし音読が慣例化すると「聴講仲間が読んでいる」のを聞くクラスの皆の集中力は高くなり、一種の雰囲気も生まれるように思われました。

次に実行したのは、授業開始前、黒板に、その前後の週にまたがる大きなテーマと、当日のテーマをはっきりと併記しておくことでした。

今風のシラバスなどはない時代です。あっても毎時間携行してくる聴講生がいるとは思えません。代わりに黒板を利用したことになるわけです。

例えば「学校序列と競争・選抜(1)—『試験』の始まりを見る」といったように、大テーマとその時限の特殊テーマを書きます。観察していると、学生諸君のノートにそれは書写され、整理に役立っているようでした。上記の「試験」を取り上げた時限の資料には、松本市の開智学校に保存展示されている、村民向け「試業広告」の寫眞コピーを用いました。

テーマを黒板に書いたのは、ときに遅刻者がいるということをおもんばかってでした。もちろん遅刻はいいことではありません。しかし東京のような交通複雑な都会で起きる遅刻にはやむを得ないものもあって、いちいち理由を問いただすような時間はもったいないことです。それよりはっきりと書いておいた方がいい。こう考えて始めたのですが、それは意外にも講義の構造性を支える柱になりました。すなわち、講義のテーマと目標を、学生・教員ともに意識し続ける手がかりになったのです。

私は昔から講義ノートというものを作らず、レジュメ式のメモだけを残してきましたが、「一時限一資料主義」と「テーマ板書方式」とを取るようになってからの講義の内容は、自分でもかなり鮮明に記憶しています。長時間・長期間の講義に、それ以前は薄かったテーマ性と系統性が付いたからだと思います。

3　大学院のゼミと指導

大学院では専門ゼミに力を入れました。同じコースの同僚は著者を含めて五人いたのですが、例外なく大学院ゼミを大事にしていました。ただし大学院指導について自分なりの原則にしようと思った事柄が皆無だったのではありません。特に意を注いだのは、①指導する大学院生諸君が学外の研究グループに参加したり他大学のゼミに潜ったりすることを、積極的に奨めることにしたこと、②毎年、主として秋季に、教育史関係の史跡めぐり旅行を開催したこと、の二つでした。

①について詳述する必要はないでしょう。要するに研究者として自立の第一歩を迎えようとしている大学院生を、東京大学の、しかも自分のゼミの中だけに閉じ込めようとすることなど、著者には考えられませんでした。大学院生諸君のテーマ選択の自由を尊重する限り、指導を受けるメンバーの研究テーマは限りなく広がって行きます。それを囲い込んで自分一人の指導下に置いておこうとすることなど、傲慢と無責任を併せた指導姿勢だと思いました。「外に出る」ことをむしろ奨めた結果でしょうか、ゼミメンバーは、他大学のゼミや大学を超えた研究グループに積極的に参加していました。

②の史跡旅行は、一九八〇年度の学年末(八一年早春)から始めました。

偶然、「日本教育史概説」の聴講者の一人が長野県派遣の小学校の先生であり、話しているうちに、ご自宅や勤務校が川中島・松代学校の近くだということがわかったのです。「一度院生たちを連れて訪ねていいですか」と言ったのがきっかけで、直ちに案内役を引き受けて下さり、小旅行が実現しました。

その後、こういう小旅行に興味を持つ院生諸君が多くなり、また私が非常勤を続けていた立教大学の大学院生たちにも声をかけることにし、ほぼ例年、各地に行くことになったのです。

山形県鶴岡市(藩校致道館跡など)／岡山県岡山市・津山市・大阪市(閑谷学校、津山歴史博物館、適塾跡など)／九州北部地域(福沢諭吉生家、三浦梅園塾跡、秋月城跡、咸宜園、佐賀県多久市の聖廟)／山口県(津和野藩校跡、松下村塾跡、山口県立文書館)／四国高知・愛媛地方(自由民権博物館、中村市博物館・開明学校・宇和町小学校跡・米博物館)／栃木県(足利学校)

最も大掛かりだったのは九州北部地域の見学で、マイクロバスをチャーターしなければならなかったほどです。

現地見学のメリットは、もちろん史跡を実見し、現地の専門家から話を聞いたりできる点にあります。しかしほかにも思わぬメリットがありました。第一に、三、四日ともに旅をすると互いに気心がわかって、普段のゼミ仲間たちも「仲間」になれます。第二に、東京大学・立教間の交流だけでなく、延長上に、その地の大学の院生や教員と面識が生まれました。例えば北九州旅行の際世話してくれたのは九州大学の教官と近世専攻の院生でしたが、かれらと東京からのメンバーとの間に所属校を超えたつながりが生まれ、東京大学や立教の院生の人たちが後々学会活動や資料調査をするようになったときに、どれほどプラスになったか知れません。

さて最後の話題は、大学院ゼミと共同研究とのことです。

大学院ゼミは、毎年その年のテーマを決め、参加者の報告を積み重ねるというやり方を取りました。立教大学から赴任した際、ゼミにはゼミ委員を置いてスティアリング（舵取り）を行ってもらうという慣習が教育哲学・教育史コースの中にあったということを聞いていましたから、その方式はそっくり継承しました。そしてテーマは、一四年間のうち半分以上の年を「近代日本教育学説史研究」に捧げました。

毎年の内容や経過については、「東京大学における13年半を顧みる」の中に初期のゼミ出身者の人たちが寄稿してくれています。明治以降の教育学説史研究は、最も長つづきのした、いや、長つづきさせたかったテーマでした。なぜかと言えば、「このテーマのゼミに参加することは、教育哲学や教育史研究を専攻する大学院生として、基礎教養を付けてもらっているようなものです」といった意見を寄せる人たちが出てきたからでした。

考えてみれば、確かにそうでした。明治以降ほぼ現代までの多数の教育学者を俎上に載せ、その研究の軌跡や学説の特徴を研究して行ったのですが、その作業は、個々の学者・学説について掘り下げた研究までにはとても至らないものの、教育学を史的に展望するにはもってこいでした。やがて限りなく狭い専攻テーマを決めて博士論文に挑戦することになる大学院生、また将来教職課程で教育学概説や教育原理といった科目をいやでも教えることになる博士課程の院生諸君には、それこそ学問的基礎を養う格好のテーマになるからです。次々に進学してくる教育哲学・教育史コースの大学院新入生も、学校教育学専攻や教育行政専攻の院生たちも加わるという状態で、ゼミが開店休業になることは一度もありませんでした。

東京大学勤務時代の末期に「戦後マルクス主義的歴史観と教育史研究の関係」というテーマについて東京文理科大学を基盤とする『近代教育史』全三巻の研究過程を学んだこともあります。その共同研究者・執筆者として石川松太郎（のち日本女子大学名誉教授、教育史学会元代表理事）、久保義三（武蔵野美術大学元学長）のお二人をお招きし、講演をしていただきました。また戦前の東京帝大文学部教育学科の研究動向に関して林友春（学習院大学名誉教授、教育史学会元代表理事）、三井為友（東京都立大学名誉教授）をお招きして講演やヒアリングの相手をしていただいたこともあります。

こうした学界や所属校の先輩たちの話を大学院生が親しく聞く機会は、ふつう決して多くありません。しかし現職教員が努力しさえすれば、そのようなチャンスを作ることは夢ではない、と改めて気づきました。さらにゼミというのは教員の研究関心を主軸に組織するのではなく、多くの院生が共通に参加できるテーマを掲げ、その設定が専攻課程の教育的必要に合致するようにするのが大切だ、ということにも気づきました。多数の参加者を送迎するゼミを通じて、こうしたことを何とか達成できたのは、大きな喜びでした。

付け加えておかなければならないことがあります。それは、ゼミのエネルギーと密接不可分のかたちで、しかしそれと併行して、大学院生の中の有志を中心に、科学研究費補助金（科研費）で共同研究を遂行できたことです。その助成金の成果が『総力戦体制と教育』（一九八六、東京大学出版会）として出版されました。また学説史研究の一部を発展させた共同研究、『戦時下学問の統制と動員』（駒込武、川村肇、奈須恵子編、二〇一一、同上）も出版されました。『総力戦体制と教育』では東京大学のメンバーと並んで立教大学院の人たちその他にも加わってもらいましたし、『戦時下学問の統制と動員』は、ゼミの副産物のような成果で、萌芽が出てから実に二〇年後に、昔参加したゼミメンバーの人たちが再結集して、大冊にまとめたものです。

こうした流れを展望してみますと、私およびゼミ生諸君は、旧教育学科の日本教育史研究室で築かれてきた「共同研究重視の伝統」ともいうべき遺産をも受け継いでいたような気がしてなりません。それは私の恩師・海後宗臣教授の時代から始まった伝統でした。

同教授著の研究自伝『教育学五十年』を読めば、例えば臨時教育会議研究、森有礼研究、井上毅研究、そして戦後教育改革研究等、いかに多くの共同研究を教授が指導し、支えて来られたかを知ることができます。他大学の教育史研究室にはあまり見られないこの伝統は、まことに貴重なものでした。自分のやってきたことを考えるにつけ、大学のなかで教員個人が行う教授実践には、確かに本人の創意や工夫が加わりますが、同時に、そのコース、学科、学部、さらには大学自体の中に流れてきた伝統、遺風、コツなどが、教授法の遺産として息づいているのだ、と考えずにはいられません。

現在流行の「ＦＤ」論を見ると、教員の教育能力の向上育成は、学科・学部・大学さらには大学連携組織等を基盤とし、体系的にカリキュラム化して行うのが本筋だと強調されているように見えます。しかしそのような制度化の基礎には、右に示したような伝統と創意との有機的な結合という営みが必要なのではないでしょうか。

考えてみれば、それは明治以来、日本の小・中学校の授業熱心な教師たちが行ってきた授業改善の方法でもあったのです。大学の教育力の向上充実にも不可欠の視点だと改めて感じるところです。

（二論文を改稿・統合して作成。冒頭参照）

2章　海外の大学院指導論に学ぶ——三冊のマニュアルから

はじめに

日本と違い、海外では大学院指導のあり方が正面から考えられている——これは近田政博教授（神戸大学）によって早くから指摘されたことであった。

氏はジェームスとボールドウィンによる研究指導ハンドブック（後述）を邦訳されたが、その「訳者あとがき」で、翻訳をなぜ思い立ったかについて、次のように述べておられる。

「理由はいたってシンプルである。近年の日本では大学院生数が飛躍的に増加しているにもかか

わらず、研究指導に関するガイドがほとんど存在しないことを日頃から不思議に思っていたからである。」（五八頁）

この指摘に異論を抱く人はいないと思われる。「不思議」というよりむしろ「問題とすべきこと」という方が当たっている。

氏はさらに次のように記されている。

日本では大学の授業改善や学生の学習法、論文の書き方に関しては枚挙に暇がないほどの出版物があるが、

「しかし、〔大学院の〕研究指導の要諦についてはほとんど知られていないし、教員間でも共有されていない。日本の大学教員は自分がかつて指導教員から受けた研究指導を思い出しながら、見よう見まねで学生の論文指導を行っているのが実情である。」（五八頁）（注：〔　〕内は本書執筆者による補足。）

これについても、少なくとも人文社会科学系の大学院担当教員で否定する人はいないであろう。もちろん「見よう見まね」の対象とする相手（各人のかつての研究指導者）のレベルは千差万別で、中には

十分に優れた指導者もおられるだろう。また、およそ教員としての力量や資質を形成する際に「モデルに倣う」のは（一般的には）極めて重要な方法である。近田政博氏の指摘される日本の大学教員における研究指導能力開発の特徴がすべて無意味だというわけではない。にもかかわらず、最も深刻なのは、前の引用文で言及されている欠点、すなわち「研究指導の技法が共有されていない」という問題である。「研究指導のためのガイドの不在」は、その問題を加速している一因である。そしてその根本にはもしや「共有すべき共通技法の不在」があるのではあるまいか。

諸外国ではこの点はどのように克服されているだろうか。当面手に取ることの出来る大学院指導のためのテキストを手がかりに探ってみたい。それが以下の試みである。

もちろん大学院教育のあり方や改善についてふれた内外の文献、特に海外の文献は既におびただしい数にのぼっている。本来はそのすべてを見渡した上でいくつかのテキストに絞って紹介・批評すべきであろう。しかし現在の調査段階ではまだその作業は不可能なので、ここでは、邦訳された文献二種とイギリスで刊行されたテキストとの計三著を取り上げて、内容の特徴を探ってみたい。

また今後の検索文献の範囲は、アメリカ、イギリス、カナダ、オーストラリアのいわゆるアングロサクソン系大学大学院に絞ることとする。ヨーロッパ大陸諸国の大学院は、アメリカ型大学院の影響を強く受けた日本の大学院とかなりの違いがあるからである。

その際、指導の技法やマニュアルのなかで特にどのようなポイントが重視されているかに力点を置いて吟味してみたい。吟味を通じて今後日本で大学院研究指導法や指導理論を建設してゆくための出発点と示唆を確かめたい、というのが著者の願いである。

1　二冊の訳書

(1)『研究指導を成功させる方法―学位論文の作成をどう支援するか』

リチャード・ジェームス、ガブリエル・ボールドウィン著、近田政博訳二〇〇八年一月三一日発行

《原著》

Richard James, Gabrielle Baldwin

Eleven Practices of Effective Postgraduate Supervisors

The University of Melbourne, Australia, 1999

近田政博氏訳による前記のテキストである。B5判のブックレットタイプの冊子で、全六三頁である。原著の刊行は一九九九年であり、早かった。ただし訳書では「11の実践原理(Eleven Practices)」というタイトルは略され、大学院の「研究指導」というテーマが正面に掲げられて、指導技法の検討と探究を一貫して述べる本となっている。この内容からしても、本邦初の大学院教育法文献である。

ところで原著の題名を直訳すれば『大学院指導者のための11の実践原理』であって、オーストラリア・メルボルン大学をベースに、大学院担当教員向けに作成されたものである。ジェームスは同大学教育学部高等教育学講座教授であり、高等教育研究センター長を兼担し、ボールドウィンは、そのセンターの高等教育コンサルタント兼主席研究員となっている。Foundations（訳では基礎編）、Momentum（同、応用編）、Final stage（同、仕上げ編）の三編からなり、付録としてメルボルン大学がどのような大学院生向けサービスを行っているかという一覧資料が付けられている。

題名や内容からしても、原著は、先の両教員の個人著作というかたちを取っているものの、半ばは大学自身の公的出版物の扱いを受けていると想像される。このような事情も考慮し、以下、訳書・原著を含め、本書のことを「メルボルン・テキスト」と呼ぶこともある。お断りしておきたい。

さて、「基礎編」の見出しは次の4節からなる。

基礎編

1　学生との信頼関係をつくろう
2　学生のことを知ろう、そして彼らがどんな研究をしたいのかを把握しよう
3　学生に対して適切で、かつ学生と教員双方が合意できるような期待を寄せよう
4　学生と一緒に取り組み、頑健な理論枠組みと研究計画を立てよう

一見して分かるように、院生と指導者の合意に立つ指導場面をつくる、という課題が、第一に重視されている。

特に研究の開始段階で大切なのは、第一に教員の側の自己反省（「自分はこの学生の志している分野の指導が出来るかどうか」など）、第二に指導教授を選ぶ学生の側の賢明な選択、の二つである。ただし、教員の側の責任感と院生の側の賢明さとが個別的に重要なのではなく、双方の「関係」が重要だと説かれている。別の箇所では、学生と指導教員との組み合わせが完璧なケースなどほとんど存在しない、ということを認めつつも、「私はこの人物と基本的な関係を築けるか？」「充分に意思疎通できると思うか？」というように、「持続可能な関係づくり」をめざして双方が自問していくことが必要だ、と説いている。

このような発想が、他のテキストにも見られるかどうか、後に確かめて行きたい。それはともかく、「基礎編」をなす前記1～4は、それだけで二五頁で、本文部分五四頁の半分近くになる。それほどの比重が教員と院生との「関係性の構築」というテーマに置かれているのである。叙述は人間関係のデリケートな部分にまでおよんでおり、その分、メルボルン大学大学院という空間を超えて、示唆するところは極めて普遍的である。

著者は通読しながら、日本の大学院指導改善のためにメモしておこうと思う個所が幾つもあった。

特に、被指導学生との関係を築く責任について、教員に対する要請が極めて厳しいことが印象に残った。

例えば次のような文章がある。

「学生の心理的なニーズを知ることは、学問的なニーズ〔を知ること〕以上に難しいかも知れません。……たとえば、一見落ち着きがあるが自信がまったく欠如しているという学生の場合、データ解釈の際にいつまでもデータ収集をやめられないという事態になって、初めてそのことが露呈します。指導教員と学生の関係がうまくいくかどうかは、結局のところ、教員の感受性と機転にかかっているといえます。」（一〇頁）

大学院の研究指導は、人間性への「感受性」や時機に即した「機転」（原語はtact）が要求される職務だ、と強調されている。それは、本書の盛るアドバイスが綿密な調査と洞察にもとづくものであることを推察させる。

後半すなわち前掲1〜4に続く5〜11までは、研究指導のプロセスにおいて気を付けるべき注意事項である。訳書では「応用編」と「仕上げ編」とに分かれる。

この両編は、論文執筆の奨めから学生の研究成果の精査すなわち評価までにいたるが、展望のためには小見出しを再掲するのが便利である。

応用編
5　学生に早めに、そして頻繁に書くように勧めよう
6　学生と定期的に連絡を取り、良質なフィードバックを与えよう
7　学生が大学院生活に没頭するように促そう
8　学生に知的刺激を与え、研究意欲を高めるように支援しよう
9　学生に研究上および個人的な問題が発生した時は支援しよう

仕上げ編
10　学生の将来のキャリアについて考えてみよう
11　学生の最終的な研究成果を精査しよう

二、三の点を補っておく。

第一に、「早めに、頻繁に書く」（前記5）ことを勧める理由の一つは、テーマが大きすぎることを学生自身に気づかせることが必要だからである。

「研究課題が大きすぎると、学生が書き始めるのを後回しにして、データ収集を継続したり、さらなる読み込みを行ったり、まるで蜃気楼を追い続けるように、新しい課題を増やし続けるという悪循環に陥ってしまうのです。」（二六頁）

他方、早く書くことを奨めた教員の側に対しては、「早い段階から学生が書いたものを論評してあげるべきです」、とも言う。そのことによって、教員は「学生が学位論文という特殊な文章を書く上で、自分に適した執筆スタイルを身につけ、自分なりの見解を持てるように支援をする」ことができるからである。

執筆上の障害としては、学生側に、中心コンセプトに関する戸惑い、資料の扱いに関する自信の無さ、議論の論理の不明確さ等があったりする。そのようなときこそ「指導教員は問題が解決されるまで積極的に指導的役割を果たす必要があります」と言う。この要請を満たすためにも早い時期からの執筆が求められる、という含みになっている。

第二に、「良質なフィードバック」（前記6）としては何が奨められているか。良質なフィードバックが実現することは何よりも学生の学習意欲を育てるのだ、と強調した上で、著者たちは、具体的な方法を実に懇切にあげている。

すなわち、研究室を快適な環境にし電話で対談を中断されたりしないようにしておく、研究指導の時間について合意し、また必ず次回面談の日時を取り決めておく、研究に関して形式張らず広範囲にアイデアを探究する、学生個人個人の研究指導記録のファイルを作成する、等々である。

第三に「学生を大学院生活に没頭させる」という提言（前記7）は、メルボルン大学を「学習コミュニティ」として大学院生たちに意識させようということである。自分の研究が教員によって対等に認められると感じていること、専攻のメンバーだけでなく他専攻メンバーとも交流できるようなセミナー等の機会を与えられること、多くの時間を専攻のための場所で過ごすように仕向けること、等が重要だと記している。

そして著者たちは次のように断言する。

「学習コミュニティを作ること、そして学生がその一員であることを保証することは、個々の指導教員や大学院コーディネーター（Postgraduate Coordinator）の責任です。同時に、学生も大学院生活を充実させる上で率先して行動することが求められます。」（三五頁）

以上の他にも紹介すべき重要な論点は多々あるがいまはこれにとどめよう。

全体として見て Melbourne Eleven Practices と略称されるだけの実践即応性と体系性を持ち、従って具体性も持つテキストである。同様のマニュアルないしテキスト皆無の日本の状況からすれば、充分に敬意を払うに値する著作であり、何よりも、学生の学習と成長に対する大学と教員の責務が極めて重視され、終始強調されている点で、まさに翻訳される価値を持つ文献だということができる。

なお、このテキストには、基盤をなすメルボルン大学大学院の実況が、さまざまな形で触れられている。たとえば、修士課程学生の六四％は毎月一回以上、博士課程学生の場合は、二八％が週一回以上、八〇％以上が月一回以上の研究指導を受けている。他方、大学院全体で九〇カ国以上からの留学生を受け入れており、それは教員と学生双方が異なる文化的背景を抱える原因となって、研究指導に複雑さを与えており、教員側に特段の配慮を求める要因となっている、等々。

このような状況が随所に触れられており、こうした丁寧な実態把握がこのテキストにリアリティーを与えるとともに、新任の大学院教員への入門テキストとしても活用できる文献になっている。

訳者の近田氏は、本書の意義として、

1　研究指導において「最低限行わなければならないこと」、および、「してはならないこと」を明示したこと、

2　研究指導においては、いかなる組織的応対よりも指導教員と学生の間の信頼関係にまさるものはないということを明示したこと、

3　「大学院での研究・学習・生活をスムーズなものにさせるには、個々の指導教員に全面的に依存

するのではなく、大学としての組織的なサポートが不可欠だということを明示したこと、の三つを指摘している(五八〜五九頁)。

(2)『博士号のとり方―学生と指導教官のための実践ハンドブック』

エステール・M・フィリップス、デレック・S・ピュー著、角谷快彦訳

出版サポート　大樹社　二〇一〇年一月二五日発行

《原著》

Estelle M. Phillips & Derek S. Pugh

How to get a PhD: A Handbook for Students and their Supervisors

Open University Press, UK, 2005

原著はイギリスのオープンユニバーシティー刊の本で、日本でのこの種の邦訳テキストとしては先の近田氏の訳書に次ぐ第二の訳書ということになる。

第四版に寄せた原著者の「まえがき」によると、原著は一九八七年が初版で、二〇〇九年には四版が出てこの訳書となった。イギリスでも相当に普及したテキストと思われるが、四版までに簡体字中国語、スペイン語、ポルトガル語、繁体字中国語、ロシア語、アラビア語、韓国語に翻訳されたという。

著者のうちＥ・Ｍ・フィリップスは「独立教育コンサルタント」と紹介され、「研究学生への助言と博士課程学生および指導教官向けのトレーニングの実施を専門としている」と記されている。いわば博士学位取得に向けてのプロフェッショナルな指導者であるらしい。訳書の副題が示す内容から見ても最適の執筆者と言ってよい。同時に、このような肩書きと役割を持つ専門家が存在すること自体に、博士課程を取り巻く環境の「日英差」というべきものを感じる。

もう一人の著者Ｄ・Ｓ・ピューは、オープンユニバーシティーのビジネススクール国際マネジメント専攻の名誉教授で「博士課程プログラムの設計と博士課程学生の指導に多くの経験を持つ」と紹介されている。

末尾の訳者紹介によると、角谷快彦《かどやよしひこ》氏は訳本刊行の二〇一〇年当時はシドニー大学行政大学院博士課程の在学者となっているが、それ以前にはＩＴ関連企業コンサルタント、早稲田大学大学院公共経営修士（専門職）修了等の経歴を持つ。

他方、このテキストの邦訳企画そのものは、「大学院教育向上実践会」という名の研究者グループが立てたものだという。そのグループは「日本の大学院教育向上を目的に、国外の有益な図書を日本に報告紹介する若手研究者のグループ」だと記されている。こういう事情ならびに発行所が新潟市にある「出版サポート　大樹社」となっているところからも、異色の出版背景を持つ文献であるということができる。だが同人誌のようなものではなく、奥付によれば本訳書は二〇一〇年一月二五日に初版が出されているが二ヶ月後の三月二五日にはもう再版が発行されている。相当に強い需要をもって迎えられているテキストであると見られる。

本論だけでＡ５判二九八頁におよぶ本書をくまなく紹介するのは難しい。

先ず、印象的な序文「日本語版に寄せて」の中の著者の強調点を紹介しておこう。著者は言う。「研究学位の取得の鍵となるのは学生と指導教官の関係です」（四頁）と。

指導者と学生との関係性こそが大学院教育の根幹であることを明示している点は、先の近田氏訳メルボルン・テキストと全く同じである。

しかしこのことはしばしば誤解されやすい、と著者たちは言う。自分たちが本書で明らかにしたかったのは、この関係性の中身を明確化することであり、その明確化を通じて「学生は指導教官が学生に期待していることを知った上で指導教官と付き合うことができ」るし、「指導教官も学生が自分たちに何を期待しているかを知り、学生の期待に応えることができるようになります」（四頁）と説く。

このテキストで学生と指導者の関係を繋ぐキーワードは、相互の「期待」である。メルボルン・テキストでは相互の「理解」が、これに当たるキーワードであった。こうしたことは、そもそも研究指導の本質を考える基礎、さらには研究指導テキストを執筆する基本動機を語るものと言えるのではないかと思われる。すなわち日本の大学院でしばしば見られる教員・学生相互間の不信と冷たい相互評価ではなく、研究者としての指導者への信頼と学生の成長への期待が前提とされ、またそれらが指導場面に生まれることを、著者たちは信じている。そしてそのような双方からの理解や期待が基礎に置かれなければ研究指導は始まらない、という哲学が、両著に底流しているのである。

本書は全一二章から成る。その章目次を記しておこう。

第Ⅰ章　博士課程の学生になる
第Ⅱ章　博士課程に入る
第Ⅲ章　博士学位の本質
第Ⅳ章　博士号をとらない方法
第Ⅴ章　研究の仕方
第Ⅵ章　博士論文の型
第Ⅶ章　博士課程のプロセス
第Ⅷ章　指導教官との付き合い方
第Ⅸ章　英国系、白人、男性、フルタイム、異性愛者が圧倒的多数を占めるアカデミック環境で生き残る方法
第Ⅹ章　審査制度
第Ⅺ章　指導と審査の仕方

第XII章　研究機関の責務
付録　学生のための研究進捗自己診断

直ちに明らかなように、このテキストの最大の特徴は、大学院課程を志願し、また在学し、あるいはそれを修了した学生自身に終始一貫して語りかけているところにある。序文から付録まで、その姿勢は一貫しており、メルボルン・テキストが大学院生にも語りかけながらも、実際は研究指導者向けテキストという性格を濃厚に持っていたのと比べると、大きな違いである。

冒頭部分で著者たちは書いている。

「本書は博士課程の学生のためのハンドブック、サバイバル・マニュアルである。」(二三頁)

このように断言した上で、読者が学位取得に一歩踏み出そうとしているなら、本書は大学、研究科、指導教官選びに役立つだろうし、既に院生なら博士号取得のスキルを教える本になるだろう、また指導教官になろうとしているのなら学生を無事に研究学位へ導く教育的プロセスを学ぶことができるだろうし、大学院管理職者なら大学院定員の考え方に適切な答えを与えるだろう、と宣言している。すべての教員が指導「教官」と訳されているのは私学に身を置く著者(寺﨑)にとって違和感を免れないが、全体の編集方針は明快である。

全一二章のすべてを紹介することはできない。特色と思われる点をわがままに取り上げよう。第一に、先に挙げた特徴、すなわちこのテキストが「学位を取りたい」学生を読者として予定している、という特徴は、前掲第Ⅱ章以下の一一個章の記述に顕著にあらわれている。

例を挙げると、指導教官の選択は学位を得るステップの最初に遭遇する最も重要なポイントだ、と断言した上で、

①その学者は最近論文を執筆しているか？
②研究室は効率よく運営されているか？
③研究助成を受けているか？
④国内外の学会に呼ばれているか？

という判断基準を示し、「これらのうち、複数の回答が肯定的であることが望ましい」(三九頁)とまで指摘している。メルボルン・テキストには見られない辛辣な判断基準である。その上で、「どれくらい親しい関係をその学者と持ちたいか？」(三九頁)という基準を示している。時には結婚生活においても経験しないような長時間の密接な関係を持つことになるかも知れない、と留意を促している。

先に掲げた全体目次からも明らかなように、本テキストは修士学位と博士学位の違いについて特に詳細に論じている（第Ⅲ章）。また、修士課程から博士課程への「登録変更」についても触れている。こういったポイントは、マスターコース、ドクターコース間の乗り換えが比較的自由なイギリスの大学院制度と密接に関係した説明であろうが、日本の大学院生たちにとっても充分に便利な説明であろう。また、修士と博士でオリジナリティーにどれほどの違いがあっていいのか、同じく「資料を使う」と言っても、博士学位を取るために使う資料と修士学位のそれとはどう違うか、といったポイントが詳細に語られている。これらは、修士課程の上に博士課程が積み上がる日本の大学院の学生たちにとっても極めて有用な知識であろう。

この他、学生を読者にしていることから来る本書の興味ある点は、挙げればきりがない。「博士号をとらない方法」と題された第Ⅳ章のパラドクシカルな叙述などは、大いに興味を引く。

しかしそれにもまして興味深いのは、第Ⅸ章で取り上げている「英国系、白人、男性、フルタイム、異性愛者が圧倒的に多いアカデミック環境」での生き残り方策である。もう一段詳しい小目次をあげると、この章には「英国の博士課程文化」「人種上の嫌がらせ」「女子学生」「セクハラ」「ゲイ、レズビアン、バイセクシュアル、トランスジェンダー学生」「障害者ハラスメント」といった項目が並んでいる。学生の視点に立ってこうした問題を大胆に取り上げているのも、メルボルン・テキストには見られない特色である。

この章で特に印象に残ったのは「パートタイム学生」にとって学位取得がいかに難事業であるか、それを乗り越えるにはフルタイム学生と違ってどのような生活スケジュール、学習スケジュールが必要かを、具体的にまた懇切に説いている部分である。大学院が生涯にわたる学習の一環になるであろうことを考えると、日本の大学院にとっても他人事ではないポイントである。このように本書は設定している読者層が学生であるということから生まれる多くの特色を持っている。

しかし大学そのものへのアドバイスを忘れている訳ではない。第Ⅻ章はそのテーマに集中している。「大学運営者に向けて書かれている」（二六五頁）ということの章では、大学院指導への取り組みは全学的規模でなされなければならないこと、同じ地域の大学との連携（「ハブの形成」）の必要性、博士課程学生のための研究環境の整備、全学的な大学院への導入課程設置の重要性、留学生への語学サポート、といった諸点について細かに説いている。

そして最後には、「指導教官のトレーニング」が強調されているだけでなく、教授たちにとって博士課程の学生指導は「クレジット制」すなわち給与が保証される職務になるべきであり、大学はそのようにすることによって研究指導諸活動を評価することができると言う。さらに教官一人が担当する学生は最大限六人であるべきだというのがわれわれ著者の考えである、とも言い切っている。

このほかの内容に踏み込めば、限りない特徴を持つテキストである。くり返すが、その特徴は、大学院生を読者に措定するところから始まったものと見られる。また、これまで触れなかったが、イギリスの大学が大学院指導の充実と効率化が求められている背景には、サッチャー政権期以来の大学への新自由主義による効率化政策があることも窺うことができる。著者たちがそれに対して触れるところは少ないけれども、若干の批判的ニュアンスを読み取ることができる。

2　イギリスの研究指導論

次にイギリスの大学で生まれた研究指導論を一冊紹介しておこう。左の文献である。

『Understanding Supervision and the PhD: Essential Guides for Lecturers』

Moira Peelo

Continuum International Publishing Group, London, New York, 2011

タイトルは「研究指導と博士課程を考える」とでも訳しておけばいいだろうか。「大学院教師のためのエッセンシャル・ガイド」という副題も付けられている。

著者のモイラ・ピーロは、イギリス・ランカスター大学の学習支援センターのコーディネーター経験を持つ教育コンサルタントであり、本書はContinuum社によってロンドンとニューヨークで出版されている。同社は、本書のほか、Lucy Russelln の『Dr Dr, I feel like…doing a PhD』や Manuel Martinez-Ponds の『Continuum Guide to Successful Teaching in Higher Education』といった本を出版しているという。高等教育関連の書籍も出している専門出版社であろう。

本書は、ひとくちに「テキスト」といっても前の二書と大いに性格を異にしている。前二著が、どちらかといえば研究指導の環境作りやスキルに力点を置いていたのに対し、この本で著者ピーロがエネルギーを注いでいるのは、「研究指導」という活動の構造と本質を解明することである。従ってまた、本書で重視されている主題は、研究指導の技術論ではなく、指導者と被指導者の関係論でもない。もちろんそれらへの関心が全くないのではないが、より多く、PhD コース在籍学生の専攻テーマや専門パラダイムと本人との関係、研究指導の昔と今の比較論等、前二著が触れなかった側面にも関心を払っている。

印象としては、経験を積んだ世代の研究指導者に対してよりは、むしろ新進の若い大学院教員への理論的語りかけを重視しているように感じられる。

内容を詳述するよりも、目次をやや詳しく紹介する方が理解に便利であろう。

第Ⅰ部　研究指導の構造

序論　本書の概要／基礎となった調査について／「研究指導」の分析と紹介

（寺崎訳）

それぞれの章の末尾には「研究指導への示唆」（Implications for Supervision）という小節が設けられて

いる。

著者が序論で述べているように、第Ⅰ部は「研究指導」という活動の舞台が置かれている位置の微妙さを分析し、また著者自身の指導経験を語っている。第Ⅱ部では、研究指導者と被指導者たる博士課程学生との置かれている位置を、広い視野のもとに点検している。第Ⅲ部では、研究指導者そのものの種類や属性等を若年者・経験者、初心者・経験者等に分けつつ具体的に論じる。第Ⅳ部は、タイトル通り、研究指導者の訓練と能力開発すなわち大学院教員のＦＤを論じた章からなり、同時に本書の基本テーマをめぐって検討している。

目次一覧から推察できるかも知れないが、本書のテーマや方法を具体的に紹介することは極めて難しい。学術書としての性格を濃厚に持っているからである。当面は全面的な紹介は避け、「研究指導者」を論じた第Ⅲ部に含まれる第８章「経験が語るもの（The Voice of Experience）」の最初の部分だけに絞って、内容を要約してみよう。

この節で、著者は一二名の優秀な研究指導者たちにインタビューを試みている。それをもとに記しているのが、四つの小節である。

第一の小節では「研究指導の撓み構造」（Flexi-structures）を論じる。それは博士課程の学生たちが誰も通る屈折したステップのことである。インタビューの中から、著者は、優秀な指導者は学位へのpathwayをよく心得ている、という。

一年次の初め、学生生活のスタート前に必要なのは「動機付け」であり、そのためには面会の約束をしっかりと交わすことが重要である。一方、二年次に来るのは概ね戸惑いであり、そのとき学生たちが熱中するのは「データ収集」である。それはある意味で魅力的なステップであるが、時には二か年三か年と費やされてしまうことがある。

研究の最終段階に近くなってから重要なのはコミュニケーションである。著者はインタビューしたある指導経験者の次のような言葉を引用している。

「私はいつもすべての指導生たちに対して、次のことを分からせるようにしています。それは『君の論文のテーマは、君が考えているよりもずっと広い専門分野と、文脈上繋がっているのだ』ということです。また私は、指導生たちが、一人残らず実力ある専門家になること、言いかえれば彼等の専門分野のトピックについて広く表面的なことを知っているだけ、といった人たちとは違う、遙かに力のある専門家になってほしいと思っています。」(寺崎訳、一四二頁)

こうしたインタビューをふまえて、著者は、優秀な研究指導者の資質能力について次のように言う。大学院生自身について、学位取得への道筋について、そして専攻分野における真実の達成は何かについて、さまざまな知識を構造的に持ちながら、指導生たちに学位への「門衛」として働くことができる人物である。さらに研究指導実践の重要な目的は、指導生たちを孤立した研究者に育て上げることではない。広いプロフェッショナルな世界の一員として、十分なコミュニケーション力を備えさせることにある。

以上は本書のごく一部分の紹介にすぎない。しかし、著者が単に自分のアイデアや理論だけを展開しているのでなく、十分に実証的な手続と基盤にもとづいて論議を展開していること、先にも述べたように論述の中身には論理と共に指導スキルへの配慮もあることを推察していただければ幸いである。

大学院教員への「ガイド」とうたいながらも、本書は理論分析的な比重の高いテキストの一つに数えられよう。

おわりに──二〇一五年に補うこと

訳本二点、原書一点を取り上げて、大学院研究指導テキストの一部を紹介した。

冒頭に記したように、この章の基礎となるマニュアル紹介という作業は、名古屋大学高等教育研究センターから刊行されたメルボルン大学の大学院指導改善提案にヒントを受けて開始したものである。当初は、立教大学における大学教育研究開発の一助として、以上の紹介を含むブックレットを出す仕事をしたい、と志しただけだったが、本書を纏めつつある二〇一五年現在、二つのことを付け加えておかなければならない。

第一に、このテキスト紹介の準備を進める過程で、著者は海外にはたくさんの大学院指導論が出されていることがわかってきた。そこで、㈠テキスト渉猟をさらに進めて行く必要があること、㈡学内に勤務しておられる教員のなかには海外大学院で博士号を取得された方たちが多いが、その体験を記録することが大切ではないのか、ということに気付いた。

そこで顧問を勤める立教大学大学教育開発・支援センターに提案し、左の二つの作業を進めて行くことが出来た。

㈠については同センターの学術調査員のメンバーと共同で本章の三種を含む六種の海外マニュアルを詳細に紹介し、大学教育開発研究シリーズ18『大学院研究指導への誘い』(二〇一三年五月刊)が発行された。

㈡については、同じ研究シリーズの23号として『海外大学における博士号取得―立教大学教員の体験を聞く』(二〇一五年七月刊)というブックレットに纏めることが出来た。

同センターからはこれらのシリーズに先立って、さまざまな形で大学院関係の調査結果が刊行されてきたが、それに新しい分野の調査が加わったことになる。

第二に、大学院のあり方については、現在特に社会的・政策的に大きな注目が集まりつつある。

中央教育審議会は大学院部会を設けて、二〇一五年九月現在、答申の概要を決定しつつあると伝えられる。審議の中で研究指導を支える条件の問題についてどのような関心が示されているかは詳らかでないが、二五万人を数えるまでに拡大した大学院における教育のあり方は、日本の先端研究の将来にとっても、また専門職従事者や大学院修了後実務に就く職業人のキャリアコースとの関係からも、極めて重要なポイントである。

各大学院で、本節に紹介したようなテキストが真剣に検討され、また海外大学院での研究指導の実際が伝えられ生かされれば、修士課程を含めた大学院の教育・研究指導等は確実に充実向上するであろう。そのことを願ってやまない。

（立教大学教育開発・支援センター、調査報告シリーズ４『博士後期課程の一層の充実に向けて―学位のステップを整える』二〇一二年四月刊にもとづいて本文を記し、補訂と補遺を加えた）

3章　東京大学の秋季入学案を考える——歴史の中から何が見えてくるか

はじめに

東京大学の「秋季入学制度」提案をきっかけに、マスコミを含めて話題の波紋が広がっている。トピックが特殊である割には反響が大きい。「波紋」にとどまるうちはよいが、卒業生であり元スタッフの一員であった者としては、無駄な「波乱」に化してしまわないことを望みたい。他方、東京大学自身は、波紋が広がること、その波紋が大学という「業界」を超えて、社会の意識や制度の変革に波及することを望んでいるように見える。しかし「変革」とは何に向かっての、どういう変化のことか、著者にはまだ読み取れない。

一方、「春季秋季入学の併存程度なら、自分の大学でもとっくに行っている。いまさら新しい提案ではない」という反応もある。多くの国立大学では「そもそも秋季入学が大学改革の最優先課題なのか」という疑問が根強いとも言われる。だが、今後も反響拡大の可能性があるだけに、少なくともはっきりした論議地図を定めておく必要がある。大学の入学時期について、日本ではこれまで複雑な経過があり、丹念な調査考証も行われてきた。何が論議され、何が残されたか。今回の論議は、まずその確認から出発する必要がある。

秋季入学制度それ自体について、著者は賛成できる提案だと考えている。だが提案者には、強い覚悟が求められる。ましてや、秋季入学を国家規模の制度へと形成実現するプロセスは、八割に近い学校数と学生数を抱える私学の事情を考慮すれば、東京大学の現スタッフが考えている以上の難渋なものになるだろう。そのためにも歴史的な背景を早めに確認することが求められる。

1　秋季入学も「ギャップターム」も経験した

まず確認しておくべきことは、明治期から大正期にかけての五〇年間、日本の大学は秋季入学制度だった、という事実である。

(1)外国大学制度移入期

一八七〇年代後半、つまり明治初期から一〇年代の後半までに、日本にはさまざまな官公立の高等教育機関(およびその前身校)が生まれていた。そのころ、学年の始期はほとんどすべて九月だった。従って、終期は、卒業式典も含めて、ほぼ六～七月であった。

小学校は一年を通じていつ入学してもよく、教員を養成する師範学校と中学校は、おしなべて九月に学年初めの開校式を挙げたという。特に小学校にはそもそも入学・卒業という制度がなかった。正月授業開始制や四月学年始期制をとる学校も多かったが、もともと学年という制度もなく、半年ごとの「等級」というステップを経て「試験」(当時「試業」とも言った)を受け、合格すればそれが「卒業」だった。等級は入学当初段階では二カ年四等級、次の段階も二カ年四等級、計六年というようになっていたから、一人で八枚程度の「卒業証書」をもらう小学生も多かった。上級学校(中学校)との連続関係ということは、誰も問題にしていなかった。

(2)旧制高等学校・大学と中等教育機関とのずれ始まる

いわゆる秋季入学制度は次の時期に始まった。その制度は、小学校卒業者が予科・講習科などを経て進学する師範学校に持ち込まれた。

一八八六(明治一九)年に、千葉師範学校へ「①九月始まりでは、その前に行う学年試験の時期が炎暑の時期になる。不適切だ、②府県・中央官庁の会計年度と一致しないため、学校財政処理に不便である、③附属小学校の学年開始期を地域の小学校と合わせる必要がある、④徴兵制度が変わり、『壮丁届出』(=満二〇歳以上の徴兵検査該当年齢に達したという届出)が九月から四月に早まったため、早く入学させておかないと在学中の徴兵猶予が受けられなくなり、徴兵検査合格者たちは、入学前すなわち徴兵猶予の特典を受ける前に、兵役にとられるかもしれない」という四点が文部省から指示された。この指示が師範学校教師の育成場所であった高等師範学校を介して、府県立校だった師範学校に届いたものと見られる。

著者の学友で明治大正期教育史研究の専門家だった故・佐藤秀夫氏は、②の国家会計制度と④の徴兵制度が秋季入学制度導入の最も有力な理由だったと推測している。前者は、大日本帝国憲法によって国家予算サイクルが四月から翌年三月までと確定したからであり、後者は、徴兵令の改正によるものだった。

東京の高等師範学校に続いて、全国の師範学校が四月学年始期制をとると、小学校がそれに続いた(一八九二=明治二五年)。その前年の一八九一年には、中学校や高等女学校も四月始期制になっていた。中学生も当然、三月卒業になった。ところが中学校の上に来る高等学校(旧制)は秋季入学制度を変えなかった。その結果、中学校と高等学校との間には、三月の卒業から夏の入試、そして秋に入学まで半年間のギャップが生まれた。このギャップは、高等学校・大学の入学期が四月へと変わる一九二一（大正一〇）年の前年にいたるまで約一五年間続いた。

以上は、官府県立並びに市町村立による師範学校や小学校を中心に概説したものである。高等教育史研究者・天野郁夫氏によって専門学校や予科をもつ私立学校（大学と称することを認められたものもあった）等の入学時期の場合はさらに多様で、いわゆる「ギャップターム」に相当する時期をもたない学校も多数あったという事実が最近紹介された。とすれば、高等教育制度全体を俯瞰した場合、「ギャップターム」があったかどうかは必ずしも一義的には言えないことになる。重要な指摘であるが、現在の論議の火元である東京大学、その前身である旧制帝国大学を中心に見ると、先に述べたようになる（天野郁夫「学年始期と秋入学」『IDE』五四一号、二〇一二年六月、参照）。

2　なぜ大学は学年始期を春に変えたのか

一九一八（大正七）年まで、日本の「大学」は内地五校の帝国大学だけだった。それらはすべて秋季入学で、前述のように春季入学に変わったのは一九二一年である。どうして五帝国大学は秋季入学制度のままで進んだのか。

第一に、当時帝国大学学生の唯一の入学者リクルート源だった高等学校との間には、前述のように相手が夏季（実際には六月または七月）卒業であるために、大学側からすれば秋季受け入れに何の問題もなかったからである。他方、中学校と高等学校の間では、レベルの高い高校入試に備えるのに半年の余裕があることは、中学校卒業予定の生徒たちにとって、大きな僥倖であった。

第二に、そのような「余裕」に浴しうる青年たちの数自体が問題にならないほど少なかった。しかも男子しか受け入れないというのが旧制高等学校の制度だったから、「ギャップターム」の問題が仮にあったとしても、それに遭遇するのは高校受験を希望する少数の男子だけだった。

ちなみに旧制中学校の卒業生総数は、秋季入学制度実施最末期の一九二〇(大正九)年度をとってみても約二万四〇〇〇人で、その年の高等学校・大学予科入学者数は二七〇〇〇人にすぎなかった(受験者総数は未詳)。昭和期になるとこの数字はしだいに増えるが、いずれにせよ「ギャップターム」が社会問題になるような数字ではない。

それより注目されるのは、そもそもなぜ明治の初めに秋季新学年制度があれほど広く導入されていたのか、ということである。

直接の証拠はないが、答えは恐らく単純で、高等教育機関の指導的教師の大部分が外国人だったからである。彼らにとってヨーロッパ・アメリカの大学に普遍的だった「秋季入学、春または初夏卒業」という学年暦は、何の疑問もないものだったと推察される。一九世紀後半に世界大学史に参入した日本の大学は、何の抵抗もなくこの制度を取り入れて、大正期までの五〇年間を過ごしたのだった。

では、なぜこの制度を廃止して大正期に春季入学に変えたか。圧力は全く大学外から来た。

先にも触れたように、国家会計制度と徴兵制度が大学より下の学校のスクールカレンダーを変えさせたが、それだけでは大学の秋季入学を春季入学に変えさせる力にはならなかった。実現をもたらせたのは、「学制改革」という国策である。

「大学」とは帝国大学だけではない、公立大学も私立大学もあってよい、という改革が進行したのは、明治の末から大正の前半期、すなわち二〇世紀当初の二〇年間ほどのことであった。大学制度のほか、小中学校の教育課程や教育方法、その他学校教育・社会教育をめぐる多くの制度が変わった。

もちろんこうした変化は、大いに好ましいものだった。それどころか、一連の改革でもたらされた「大正自由教育」の実践は、小学校では、例えば黒柳徹子の自伝『窓際のトットちゃん』が生き生きと語る「新教育」の諸学校を生む下地にもなった。だが、大学の秋季入学はもちろんのこと、その他の中等・高等教育機関で広範に進められた改革は、さらに強力で広い世論と政策によってもたらされた。すなわち「修業年限短縮」というキーワードで語られたムードと国策とが生み出したものである。

国民が小学校に入ってから大学を出るまでの年限が長すぎる、高度の教育を受けた国民がもっと若いうちから国家のために働けるようにせよ、その障害になるような制度はともかく取り除け。いわば知的エネルギーの再配分政策と言ってもよい。この圧力が、教育改革を考えるあらゆる局面に顔を出した。中学校四年課程(尋常科)と高校三年課程(高等科)を一貫してつなぐ「七年制高校」(中学校五年プラス高校三年の計八年より一年短い)という普通教育機関(高等科は高等普通教育機関と呼ばれた。卒業者は大学へ進学できる）が生まれたのも、やはり「短縮」が目的で、この時期のことである。

「中学校・高校間にいくら時間的ギャップがあっても、大学は大学だ」と考えていた帝国大学側も、数年間の駆け引きの末に、「四月学年始期制」を採用せざるを得なくなった（以上の背景と詳しい経緯については、寺﨑昌男『東京大学の歴史―大学制度の先駆け』講談社学術文庫に詳しい）。

全国の生徒たちが、半年後に迎える受験のための勉強のために夏休みを費やし、北国の生徒たちは厳寒のもとに受験に挑むという風景が、こうして生まれた。

3　昭和に入っての詳細な調査と結論

次は、突然ながら昭和戦後に飛ぶ。

一九八〇年代の半ばに、秋季入学制度を本気で検討したのは、臨時教育審議会（臨教審、一九八四年〜八七年）であった。特に「時代の変化に対応するための改革（第三次答申）」（一九八七年四月一日付）の中で、はっきりと言及している。ただし、結論が出たわけではない。結局継続審議のまま、審議は実質中断されている。しかし、その際に行われた膨大な調査と残された資料は、多くのことを語ってくれる。

第一に、秋季入学制度採用は、外見的には技術的で単純瑣末に見えるテーマである。しかし、いざ実現を目指せば、単なる政治的要請の枠をはみ出す文化的深みを伴う改革課題である。

第二に、いかなる意味でも大学だけの改革にはとどまらない主題である。答申結論の要点を紹介しておこう。

「現行の四月入学制度は、明治以来長期にわたり、国民の間に定着してきた制度であるが、今後二一世紀に向けて社会全体の変化を踏まえ、生涯学習体系への移行、国際化の進展、より合理的な学年暦への移行と学校運営上の利点等を勘案すれば、将来学校教育が秋季入学制に移行することには、大きな意義が認められる」

これはおそらく、秋季入学制度について、明治以来最も積極的に評価した文章である。「しかし」と答申はいう。

「秋季入学への移行は……最終的には、国民の理解と協力が得られなければ成功しない。本審議会は、各種の世論調査でも現行の四月入学制を好む意見が強く、秋季入学の意義と必要性がまだ国民によって受け入れられていないことを十分認識しており、また今後検討すべき問題も残されている。本審議会としては、さらに審議を継続する」

だが「審議を継続」する時間はなかった。問題はあとに回され、最も近い改革論議を見ると、二〇〇七年の教育再生会議提言が「帰国生徒や海外からの留学生の要請に応えるとともに、日本版ギャップイヤーなどの導入による若者の多様な体験の機会を充実させる観点から、大学・大学院における九月入学を大幅に促進する」と記したことがあるだけである。だがこれも注目を集めることも実現されることもなく、今日を迎えた。

戦後審議の経過と資料については、舘昭氏の論考が参考になる（「学年制と秋季入学を考える」『ＩＤＥ』前掲号）。

4　問題の難しさ

秋季入学制度が抱える「文化問題」の最大のものは、臨時教育審議会が率直に指摘している国民意識のことである。

「ものごとは春に始まり、四季を巡って終わる」という季節感と結合した国民意識。おそらくアジア・モンスーン地帯の農業労働サイクルに根ざすこの意識は、明治期の初めには、小・中学校のバラバラな学年暦のため、一時潜在化した。しかし、その後全国的に四月学年始期制に移行すると復活定着し、あらためて国民の「好み」となっていったのではあるまいか。

世論調査も幾度か行われたが、いつも大きく変わってはいない。ということは、この意識問題に決着をつけるには、予想外の時間がかかるということである。東京大学がまず覚悟しなければならないのは、そのための構えをどうやってつくるのか、ということになろう。

第一に、臨時教育審議会当時の会議資料によると、小学校から秋季入学制度を開始するとして、時間軸を加えるとどのような移行モデルが生まれるかを、数種類掲げて詳細に検討している。どのモデルを使っても、一朝一夕にできるものにはなっていない。

第二に、同審議会が当時この案件を「継続審議」とするという異例の判断に後退したのはなぜか。「制度採用にかかる費用が並みのものではないことがわかったからです」と、私学所属の当時の有力な専門委員から直接に聞いたことがある。

秋季入学制度を実行すれば、やり方にもよるが、半年間は一年次生不在で、大学が学費を徴収できない期間が生まれる。その間の財政保障は誰がするのか。「試算してみると、兆の字がつくのですよ」という話だった。逆に大正期の記録を見れば、初年次生の数が倍増する学年が生まれる。その状態は、当該学年について現行制度では四年間、医歯薬学部等では六年間続く。その間、教室をどう準備し、実験設備をどう用意するか。こうした現場的問題が今回の議論の中に出てこないのは大きな不備と言うべきであろう。「タフな大学生を育てる」とか「グローバリゼーション」といったスローガンが独り歩きしても、改革のリアリズムは生まれない。

第三に、「ギャップターム」問題がある。

先述したようなエリート型の高等教育時代と現在とでは、規模の点で比べるすべさえない。一八歳人口のうち六一万人（二〇一一年度）が大学に合格する時代である。不況と震災復興課題のもとで、この若者たちを引き受けるインターン先などあるはずがない。海外留学、ボランティア活動など思いつきの着想が並べられることも多いが、多くの青年指導の専門家たちは結果を危ぶんでいる。無策のままで「ギャップターム」問題を迎えるのは無責任の極みだし、合意するいくつかの大学だけが試行的に始めればいいと考えるのは、特権的であるだけでなく、論題の大きさに比してあまりに怠慢である。

第四に、特に東京大学のスタッフの方々にお願いしたい。

「提案されている事柄は、教育問題を専門とする筆者などから見ると、実に巨大な論題です。それだけに、研究と実現には、人的にも財務的にも大きな構えが必要です。

かつて帝国大学が惜しくも学外からの要請に屈して手放させられた制度の一部を、今こそ大学らしく取り返す。財界や政府の賛否を問う前に、そういう覚悟で、大きな審議機関の組織化を図ってください。

その際、『学校制度と切り離せないライフコース』の中で育ってゆく児童生徒たちの成長にとって、何がプラスになるか、という視点を失うことなく制度改革を考えられるよう、旧教員の一人として要望いたします」。

（日本私立大学連盟『大学時報』第三四五号、二〇一二年七月）

初出一覧

第Ⅰ部　基本の問題から

第1章　カリキュラム改革という問題
山形大学教員研修会・基盤教育ワークショップにおける基調講演、二〇一四年九月

第2章　大学と「地域」「都市」
大阪市立大学大学史資料室・恒藤記念室共催公開シンポジウム「近代日本の都市と大学─創設期大阪市立大学と恒藤恭」における基調講演。二〇一一年一二月三日開催。『大阪市立大学史紀要』第五号、二〇一二年一〇月刊より

第3章　大学職員の能力開発（SD）への試論
日本高等教育学会『高等教育研究』第一三集、二〇一〇年五月

第4章　大学改革と同窓会・校友会
私学経営研究会『私学経営』四四八号、二〇一二年六月

第Ⅱ部　自校教育と大学アーカイブズ

第1章　学びがいのある大学づくりと沿革史・アーカイブズの役割
「東海大学建学七〇周年記念講演会議録」、全国大学史資料研究協議会東日本部会と共催。『東海学園史ニュース

特別号』二〇一三年三月、東海大学学園史資料センター編集・発行

第2章　自校教育の経験を語る

寺﨑昌男／梅村修監修『追手門学院の自校教育』第Ⅰ部、二〇一四年、追手門学院大学出版会刊

第3章　世界の大学アーカイブズ

岩波講座日本歴史「月報」11「大学アーカイブズ断想」（二〇一四一〇月刊行）を補訂。

第Ⅲ部　学士課程教育・大学院の指導

第1章　日本教育史の授業とその工夫

『新版　教育学がわかる。』（二〇〇三年発行）、東京大学大学院教育学研究科基礎教育学研究室「研究室紀要」（第四〇号、二〇一四年七月刊）に寄稿した論文を改稿・統合して作成。

第2章　海外の大学院指導論に学ぶ

立教大学教育開発・支援センター調査報告シリーズ4『博士後期課程の一層の充実に向けて—学位のステップを整える』（二〇一二年四月刊）にもとづいて本文を記し、補訂と補遺を加えた。

第3章　東京大学の秋季入学案を考える

日本私立大学連盟『大学時報』第三四五号、二〇一二年七月

人名索引

[ナ行]

[ハ行]

[マ行]

[タ行]

[サ行]

事項索引

【著者略歴】

寺﨑昌男（てらさき まさお）

立教大学名誉教授・公益財団法人中央教育研究所特別相談役
東京大学・桜美林大学名誉教授。前大学教育学会会長。

1932年福岡県に生まれる。1964年東京大学大学院教育学研究科修了。

教育学博士。財団法人野間研究所所員、立教大学文学部、東京大学教育学部、立教大学学校社会教育講座、桜美林大学大学院の各教授を経て、2003年4月から現職。

東京大学在職中に東京大学百年史編集委員会委員長を、立教大学在学中に全学共通カリキュラム運営センター部長を歴任。

〔主要著書〕『大学教育』（共著、東京大学出版会、1969年）、『大学の自己変革とオートノミー』（東信堂、1998年）、『大学教育の創造』（東信堂、1999年）、『増補版 日本における大学自治制度の成立』（評論社、2000年）、『大学教育の可能性』（東信堂、2000年）、『大学は歴史の思想で変わる』（東信堂、2006年）、『東京大学の歴史』（講談社、2007年）、『大学改革　その先を読む』（東信堂、2007年）、『大学自らの総合力』（東信堂、2010年）、『英語の一貫教育へ向けて』（鳥飼玖美子と監修、東信堂、2012年）

大学自らの総合力 II ―大学再生への構想力

2015年　11月20日　　初版第1刷発行　　〔検印省略〕
定価はカバーに表示してあります。

著者 © 寺﨑昌男／発行者　下田勝司　印刷・製本／中央精版印刷株式会社

東京都文京区向丘 1-20-6　　郵便振替 00110-6-37828
〒 113-0023　TEL (03)3818-5521　FAX (03)3818-5514
発行所 株式会社 東信堂
Published by TOSHINDO PUBLISHING XO., LTD.
1-20-6, Mukougaoka, Bunkyo-ku, Tokyo, 113-0023 Japan
E-mail：tk203444@fsinet.or.jp　　http://www.toshindo-pub.com

ISBN978-4-7989-1321-6　C3037　

寺﨑昌男著　①『大学の自己変革とオートノミー――点検から創造へ』（一九九八年）

新制大学発足から六〇年。大衆化を迎えた大学は、内から外から激しく揺れている。大学の学術研究と教育の葛藤、自己点検・評価の課題、教員任期制、大学の開放等の難題にいかに対処すべきか。大学の自律性＝自治を根拠に、歴史的視野から大学改革のアポリアに迫る。

（四六判・上製・三二〇頁／本体二五〇〇円）

主要目次

寺﨑昌男著　②『大学教育の創造――歴史・システム・カリキュラム』（一九九九年）

戦後理想とした大学像が揺らいでいる。大学関係者は今こそ、自らの大学を見つめ直し、大学教育の創造に向けて一歩を踏み出すべきだ。自己開発（FD）とカリキュラム改革の経験をもとに、歴史を踏まえ説き進める、大学人の自己変革と教育改革への途。

（四六判・上製・三四四頁／本体二五〇〇円）

主要目次

寺﨑昌男著　③『大学教育の可能性——教養教育・評価・実践』（二〇〇二年）

大学改革は一体どこまで進み、何をめざすのか。目まぐるしい再編成と効率化の波にのまれ、大学は自らの航路を見失ってはいないか。教養、歴史、現場の三つの基本的視点から、歴史の中で築かれてきた大学の本質への洞察に立ち、言葉の真の意味での大学「改革」の可能性を探る。

（四六判・上製・三三六頁／本体二五〇〇円）

主要目次

寺﨑昌男著　④『大学は歴史の思想で変わる――FD・評価・私学』(二〇〇六年)

大学には改革の必要な事柄が山積している。ますます高まる社会的要請・批判と大学理念とのせめぎ合いの中で、大学改革はどこに焦点化すべきか。経験と思想の宝庫である歴史を常に凝視し、今日的な中核課題―FD、評価、私学問題等を見定め、縦横に論究した力作。

（四六判・上製・四五六頁／本体二八〇〇円）

主要目次

寺崎昌男著

⑤『大学改革その先を読む—立教大学「大学教育開発・支援センター」連続セミナー講演記録』（二〇〇七年）

大学史を専門とする研究者であり、数多くの改革実践にも参加した著者の講演集。理論と実践の往還の中で見えてきた大学の課題と理念、そして改革の方向性を語る。「大学は何に適応し、どのような価値にこだわるべきか、今、大学関係者に求められているのはこのことです。」

（四六判・並製・二一六頁／本体一三〇〇円）

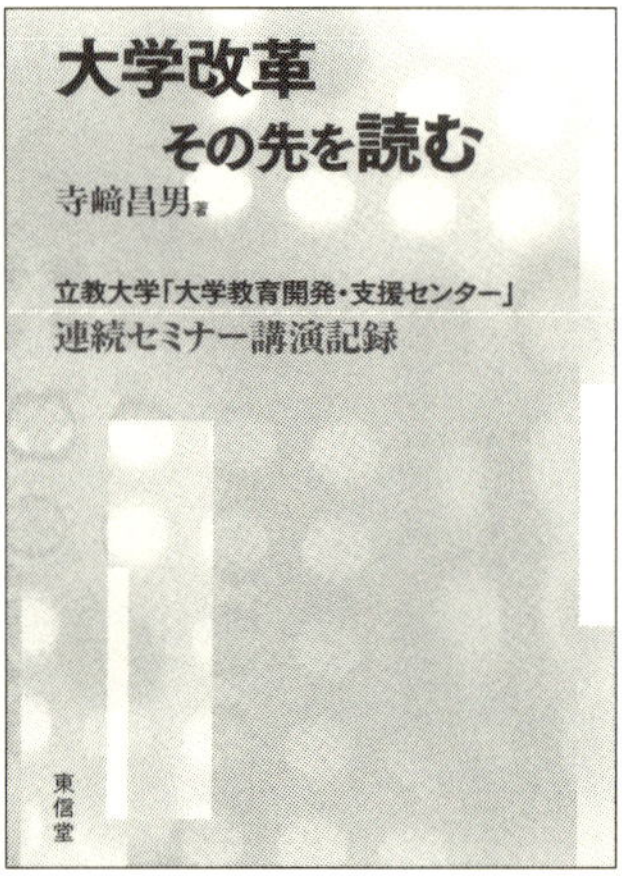

主要目次

第一講　大学の歴史一三〇年
—何が達成され何が残されたか

第二講　学士課程教育と大学院教育
—それぞれの抱える課題と連続性への着眼

第三講　カリキュラムと授業
—大学の勝負を分けるもの

第四講　教員と職員
—それぞれのミッションと「支援・協働」

第五講　私　学
—その課題と未来を考える

コラム　1　学生から学んだ視点
2　「教養教育」の意味を改めて考える
3　教育の基盤はどこにあるのか
4　立教大学の一三〇年の遺産

寺﨑昌男著　⑥『大学自らの総合力――理念とFDそしてSD』（二〇一〇年）

大学への不信感が高まっている。行政や社会の政策的要請に追われた対処療法的改革を超え、歴史が培った理念と建学の精神にもとづく大学の刷新へ―著者積年の創意研究（FD・SD論）を凝縮した渾身の時論集。大学自らの総合力こそ、大学そして社会の希望の源泉である。

（四六判・上製・一八四頁／本体二〇〇〇円）

主要目次